실용적인 내용으로 구성된 일본어 학습서

다이가쿠(大学) 教養 日本語

대학 교양 일본어

이덕구 저

백산출판사

머리말

이 교재는 일본어 입문과 기초 수준의 일본어를 익히는 데 적합한 학습서로서, 대학의 교양 일본어 교재로 사용할 목적으로 집필하였으며, 최근 증가하는 일본 여행객의 니즈에 맞춰 일본 음식 문화와 관련된 실용적인 내용(예문, 어휘선택 등)으로 구성하였습니다.

일본어 학습에 있어서

1. 일본어라는 학습대상(혹은 일본문화)을 좋아할 것
2. 조금씩이라도 매일 공부할 것
3. 큰소리로 읽을 것

이상의 세 가지를 실천하는 것이 고급 수준으로 가는 지름길이 됩니다.

본 교재를 통하여 일본어 학습이 더욱 즐거워지고, 또한 이렇게 습득한 일본어를 통하여 학습자의 새로운 도전이 있기를 기대합니다.

아울러 이 책이 나오기까지 애써주신 백산출판사 관계자 여러분께 감사의 말씀을 드립니다.

2022년

저자 씀

목차

제 1 과

日本語의 文字와 発音

1 日本語의 文字와 発音

1) 日本語의 文字

일본어를 표기하는 글자를 「かな」라 한다. かな에는 「ひらがな」와 「カタカナ」의 두 가지 自体가 있고, 여기에 漢字를 더해서 모두 세 종류의 문자를 써서 일본어를 표기한다.

ひらがな는 한자 초서체에서 만들어졌으며 표음문자이다. 또 글자 하나에는 뜻이 없으며 독립적인 음이 있다.

カタカナ는 한자의 획 일부를 취용한 문자로서 외래어, 전보문, 의성어, 의태어, 동식물의 이름, 인명, 지명, 강조어 등에 사용할 때가 많다.

	히라가나					가타카나				
	あ 단	い 단	う 단	え 단	お 단	ア 단	イ 단	ウ 단	エ 단	オ 단
あ 행	あ a	い i	う u	え e	お o	ア a	イ i	ウ u	エ e	オ o
か 행	か ka	き ki	く ku	け ke	こ ko	カ ka	キ ki	ク ku	ケ ke	コ ko
さ 행	さ sa	し shi	す su	せ se	そ so	サ sa	シ shi	ス su	セ se	ソ so
た 행	た ta	ち chi	つ tsu	て te	と to	タ ta	チ chi	ツ tsu	テ te	ト to
な 행	な na	に ni	ぬ nu	ね ne	の no	ナ na	ニ ni	ヌ nu	ネ ne	ノ no

	히라가나					가타카나				
	あ 단	い 단	う 단	え 단	お 단	ア 단	イ 단	ウ 단	エ 단	オ 단
は 행	は ha	ひ hi	ふ hu	へ he	ほ ho	ハ ha	ヒ hi	フ hu	ヘ he	ホ ho
ま 행	ま ma	み mi	む mu	め me	も mo	マ ma	ミ mi	ム mu	メ me	モ mo
や 행	や ya		ゆ yu		よ yo	ヤ ya		ユ yu		ヨ yo
ら 행	ら ra	り ri	る ru	れ re	ろ ro	ラ ra	リ ri	ル ru	レ re	ロ ro
わ 행	わ wa		を wo			ワ wa		ヲ wo		
	ん n					ン n				

2) 母音(ぼいん)

あ a	い i	う u	え e	お o

あい[ai] ―――――― 사랑(愛)

いえ[ie] ―――――― 집(家)

うわぎ[uwagi] ―――― 저고리, 상의

いた[ita] ―――――― 판자(板)

あお[ao] ―――――― 파랑(青)

3) 半母音(はんぼいん)

や ya	ゆ yu	よ yo	わ wa

おや[oya] ―――――― 부모(父母)

ゆび[yubi] ―――――― 손가락(指)

ようじ[youzi] ―――― 이쑤시개

よい[yoi] ―――――― 좋다

わさび[wasabi] ―――― 고추냉이

4) 清音(せいおん)

か행

か	き	く	け	こ
ka	ki	ku	ke	ko

かばん[kaban] ——— 가방(鞄)
かお[kao] ——— 얼굴(顔)
きもの[kimono] ——— 일본 전통 옷(着物)
かこ[kako] ——— 과거(過去)
くるま[kuruma] ——— 자동차(自動車)

さ행

さ	し	す	せ	そ
sa	shi	su	se	so

さしみ[sashimi] ——— 생선회
さけ[sake] ——— 술(酒)
あし[ashi] ——— 발(足)
すもう[sumou] ——— 일본씨름(相撲)
そで[sode] ——— 소매

た행

た	ち	つ	て	と
ta	chi	tsu	te	to

ちち[chichi] ——— 아버지(父)
くつ[kutsu] ——— 구두(靴)
とし[toshi] ——— 나이(年)
からて[karate] ——— 당수도(空手)
たつ[tatsu] ——— 일어서다(立)

な행

な	に	ぬ	ね	の
na	ni	nu	ne	no

なつ[natsu] ——— 여름(夏)
にわ[niwa] ——— 정원(庭)
ぬく[nuku] ——— 뽑다(抜)
ねじ[neji] ——— 나사
のる[noru] ——— 타다

は행

は	ひ	ふ	へ	ほ
ha	hi	hu	he	ho

はな[hana] ——— 꽃(花)
ひやし[hiyasu] ——— 차게 하다
ふゆ[huyu] ——— 겨울(冬)
へた[heta] ——— 서투르다(下手)
ほし[hoshi] ——— 별(星)

ま행

ま	み	む	め	も
ma	mi	mu	me	mo

まち[machi] ——— 도시, 거리(町)
みかん[mikann] ——— 귤
むし[mushi] ——— 벌레
あめ[ame] ——— 비(雨)
もち[mochi] ——— 떡

ら행

ら	り	る	れ	ろ
ra	ri	ru	re	ro

らいねん[rainenn] ——— 내년(來年)
もり[mori] ——— 숲(森)
るす[rusu] ——— 부재중
かれ[kare] ——— 그이, 그 남자(彼)
ろく[roku] ——— 육(六)

わ행

わ				を
wa				wo

わたし[watasi] ——— 나/저(私)
かわ[kawa] ——— 강(川)
にわ[niwa] ——— 정원(庭)
～を[~wo] ——— ～을(를)
わたしを[watasiwo] ——— 나(저)를

ん

ん n				

さんぽ[sanpo] ——— 산책(散歩)
おんな[onna] ——— 여자(女)
でんわ[denwa] ——— 전화(電話)

5) 濁音(だくおん)

が행

が ga	ぎ gi	ぐ gu	げ ge	ご go

がいこく[gaikoku] ——— 외국(外国)
かぎ[kagi] ——— 열쇠
すぐ[sugu] ——— 곧
げた[geta] ——— 나막신
ごがつ[gogatsu] ——— 오월(五月)

ざ행

ざ za	じ zi	ず zu	ぜ ze	ぞ zo

ざせき[zaseki] ——— 좌석(座席)
じまん[ziman] ——— 자랑(自慢)
かず[kazu] ——— 수(数)
かぜ[kaze] ——— 바람(風)
ぞう[zou] ——— 코끼리(象)

だ행

だ da	ぢ zi	づ zu	で de	ど do

だれ[dare] ——— 누구
じびき[zibiki] ——— 사전
まど[mado] ——— 창문
ちぢむ[chizimu] ——— 오그라들다
つづく[tsuzuku] ——— 계속되다

ば행

ば	び	ぶ	べ	ぼ
ba	bi	bu	be	bo

ばか[baka] ——— 바보
ぶた[buta] ——— 돼지(豚)
べんとう[bentou] ——— 도시락
ひびき[hibiki] ——— 울림
ぼうえき[boueki] ——— 무역(貿易)

6) 半濁音(はんだくおん)

ぱ행

ぱ	ぴ	ぷ	ぺ	ぽ
pa	pi	pu	pe	po

いっぱい[ippai] ——— 한 잔(一杯)
ぴかぴか[pikapika] ——— 반짝반짝
てんぷら[tempura] ——— 튀김
ぺこぺこ[pekopeko] ——— 쭈굴쭈굴
ぽつり[potsuri] ——— 똑 똑

7) 拗音(ようおん)

清音

きゃ kya	しゃ sya	ちゃ cha	にゃ nya	ひゃ hya	みゃ mya	りゃ rya
きゅ kyu	しゅ syu	ちゅ chu	にゅ nyu	ひゅ hyu	みゅ myu	りゅ ryu
きょ kyo	しょ syo	ちょ cho	にょ nyo	ひょ hyo	みょ myo	りょ ryo

濁音과 半濁音

ぎゃ gya	じゃ zya	ぢゃ zya	びゃ bya	ぴゃ pya
ぎゅ gyu	じゅ zyu	ぢゅ zyu	びゅ byu	ぴゅ pyu
ぎょ gyo	じょ zyo	ぢょ zyo	びょ byo	ぴょ pyo

きゃ kya	きゅ kyu	きょ kyo

おきゃく[okyaku] ―――― 손님(お客)
きゅうか[きゅうか] ―――― 휴가(休暇)
きょり[kyori] ―――― 거리(距離)

しゃ sya	しゅ syu	しょ syo

きしゃ[kisya] ―――― 기자(記者)
しゅっせき[shusseki] ―――― 출석(出席)
じゅうしょ[zyuusyo] ―――― 주소(住所)

ちゃ cha	ちゅ chu	ちょ cho

おちゃ[ocha] ―――― 차(茶)
ちゅうもん[chuumon] ―――― 주문(注文)
ちょしょ[chosho] ―――― 저서(著書)

にゃ nya	にゅ nyu	にょ nyo

ろうにゃく[rounyaku] ―――― 노약(老若)
ぎゅうにゅう[gyuunyuu] ―――― 우유(牛乳)
にょうほう[nyoubou] ―――― 처(妻)

ひゃ hya	ひゅ hyu	ひょ hyo

ひゃく[hyaku] ―――― 백(百)
ひょうげん[hyougen] ―――― 표현(表現)
ひょうか[hyouka] ―――― 평가(評価)

みゃ mya	みゅ myu	みょ myo

みゃく[myaku] ———— 맥(脈)

みょうさく[myousaku] —— 묘책(妙策)

ミュージカル[myuzikaru] — 뮤지컬

りゃ rya	りゅ ryu	りょ ryo

りゃく[ryaku] ———— 약(略)

りゅうこう[ryuukou] ——— 유행(流行)

りょこう[ryokou] ———— 여행(旅行)

ぎゃ gya	ぎゅ gyu	ぎょ gyo

ぎゃく[gyaku] — 거꾸로(逆)

ぎゅうにゅう[gyuunyuu] — 우유(牛乳)

ぎょうじ[gyouzi] — 행사(行事)

じゃ zya	じゅ zyu	じょ zyo

じゃま[zyama] ———— 방해(妨害)

しゅじゅつ[syuzyutsu] —— 수술(手術)

じょし[zyoshi] ———— 여자(女子)

びゃ bya	びゅ byu	びょ byo

さんびゃく[sanbyaku] —— 삼백(三百)

びょういん[byouin] ——— 병원(病院)

ぴゃ pya	ぴゅ pyu	ぴょ pyo

ろっぴゃく[ropyaku] ——— 육백(六百)

コンピュータ[kompyuuta] — 컴퓨터

ぴょこんと[pyokonto] ——— 꾸벅

8) 撥音(はねる音)

① ま、ば、ぱ行 앞에서는「m」으로 소리난다.

ぶんめい[bummei] ———— 문명(文明)

こんぶ[kombu] ———— 다시마

てんぷら[tempura] ———— 튀김

② さ、た、な、ら、ざ、だ行 앞에서는「n」으로 소리난다.

せんせい[sensei] ———— 선생님(先生)

はんたい[hantai] ———— 반대(反対)

おんな[onna] ———— 여자(女)

べんり[benri] ———— 편리(便利)

ばんざい[banzai] ———— 만세(万歳)

げんだい[gendai] ———— 현대(現代)

③ か、が行 앞에서는「ng」으로 소리난다.

げんき[gengki] ———— 원기(元気)

てんき[tengki] ———— 날씨(天気)

おんがく[onggaku] ———— 음악(音楽)

9) 促音(つまる音)

① か行 앞에서「ㄱ」받침이 된다.

がっこう[gakkou] ———— 학교(学校)

いっかい[ikkai] ―――――――― 일층(一階)

② ぱ行 앞에서는「ㅂ」받침이 된다.

いっぱい[ippai] ―――――――― 가득(一杯)

いっぴき[ippiki] ―――――――― 한 마리(一匹)

③ さ、た行 앞에서는「ㅅ」받침이 된다.

まっすぐ[massugu] ―――――――― 곧바로

ざっし[zassi] ―――――――― 잡지(雑誌)

いっとう[ittou] ―――――――― 일등(一等)

たっせい[tassei] ―――――――― 달성(達成)

10) 長音(ちょうおん)

① あ段音 다음에는「あ」를 쓴다.

おばあさん[obāsan] ―――――――― 할머니

おばさん[obasan] ―――――――― 아주머니

おかあさん[okāsan] ―――――――― 어머니

② い段音 다음에는「い」를 쓴다.

おじいさん[ojīsan] ―――― 할아버지

おじさん[ojisan] ―――― 아저씨

おにいさん[onīsan] ―――― 형님

③ う段音 다음에는「う」를 쓴다.

すうがく[sūgaku] ―――― 수학(数学)

くつう[kutsū] ―――― 고통(苦痛)

④ え段音 다음에는「え」또는「い」를 쓴다.

おねえさん[onēsan] ―――― 언니, 누나(姉)

せんせい[sensē] ―――― 선생님(先生)

けいかく[kēkaku] ―――― 계획(計劃)

⑤ お段音 다음에는「お」또는「う」를 쓴다.

おおきい[ōki] ―――― 크다(大)

こうこう[kōkō] ―――― 효도(孝行)

⑥ カタカナ의 경우에는「ー」로 나타낸다.

コーヒー[kōhi] ―――― 커피(coffee)

ケーキ[kēki] ―――― 케이크(cake)

ビール[bīru] ―――― 맥주(beer)

カーテン[kāten] ―――― 커튼(curtain)

ボール[bōru] ―――― 공(ball)

• 日本語 글씨 쓰기

1 あ行

あ	い	う	え	お
a	i	u	e	o
ア	イ	ウ	エ	オ

설명 「あ・い・う・え・お」는 일본어의 모음이다.

あ행의 발음은 한국어 「아・이・우・에・오」와 거의 같지만, 주의해야 할 점은 입을 많이 벌리지 않고 발음하는 것이다. 발음은 영어 발음기호의 모음, 특히 「う」는 한국어 「으」와 「우」의 중간 음이므로 입술이 튀어나오지 않게 발음해야 한다.

예

① あい ‥‥ 사랑　② いい ‥‥ 좋다
③ うえ ‥‥ 위　④ いえ ‥‥ 집
⑤ おい ‥‥ 조카　⑥ あおい ‥‥ 파랗다
⑦ あう ‥‥ 만나다　⑧ えい ‥‥ 가오리

예

① アメリカ ‥‥ 미국　② ウイスキー ‥‥ 위스키
③ オリンピック ‥‥ 올림픽　④ エレベーター ‥‥ 엘리베이터

• あ行 쓰기 연습

あ

い

う

え

お

ア

イ

ウ

エ

オ

2 か行

か	き	く	け	こ
ka	ki	ku	ke	ko
カ	キ	ク	ケ	コ

설명 か행의 발음은 한국어 「ㄱ」과 영어 「k」의 중간 음에 해당하나, 단어의 첫 음절에서는 「ㄱ」과 영어 「k」의 중간 음이고, 가운데 음이나 마지막 음에 올 경우에는 「k」와 「ㄲ」의 중간 음이 된다.

「く」는 모음이 「우」와 「으」의 중간 음이므로 입술이 튀어나오지 않게 발음해야 한다.

예

① あかい ···· 빨갛다　② あき ···· 가을
③ えき ···· 역　④ かい ···· 조개
⑤ いく ···· 가다　⑥ かく ···· 쓰다
⑦ いけ ···· 연못　⑧ ここ ···· 여기

예

① カレンダー ···· 미국　② キー ···· 열쇠
③ インク ···· 잉크　④ ココア ···· 코코아

• か行 쓰기 연습

か									
き									
く									
け									
こ									
カ									
キ									
ク									
ケ									
コ									

3 さ行

さ	し	す	せ	そ
sa	si	su	se	so
サ	シ	ス	セ	ソ

설명 さ행의 발음은 한국어 「사 · 시 · 스 · 세 · 소」와 같으나, 혀끝을 아랫니의 뒤쪽에 대고, 혀끝과 윗니 뒷면 사이에 생기는 틈 사이로 숨을 내밀어 발음한다. 「す」는 한국어의 「스」와 「수」의 중간 음이므로 입술이 튀어나오지 않게 발음해야 한다.

예

① あさ ···· 아침　　② かさ ···· 우산
③ あし ···· 다리　　④ いし ···· 돌
⑤ うし ···· 소　　⑥ いす ···· 의자
⑦ せき ···· 자리　　⑧ うそ ···· 거짓말

예

① システム ···· 시스템　　② スイス ···· 스위스
③ ソウル ···· 서울　　④ サイクル ···· 사이클

• さ行 쓰기 연습

さ

し

す

せ

そ

サ

シ

ス

セ

ソ

4 た行

た	ち	つ	て	と
ta	ti[chi]	tu[tsu]	te	to
タ	チ	ツ	テ	ト

설명 た행 중에서 「た・て・と」 세 음은 혀끝을 윗니와 잇몸의 경계 부근에 댔다가 떼는 동시에 발음한다. 그러나 단어의 첫음절에는 「ㄷ」과 「ㅌ」의 중간 음이나, 2음절부터는 「ㅌ」와 「ㄸ」의 중간 음이 된다.

특히 「ち」와 「つ」는 혀를 잇몸에 붙였다가 떼면서 발음하면 되지만, 한국인에게는 쉬운 발음이 아니기 때문에 반복 연습하여야 한다.

예

① うた ···· 노래
② かた ···· 어깨
③ ちち ···· 아버지
④ いち ···· 일, 1
⑤ くつ ···· 신발
⑥ て ···· 손
⑦ そと ···· 밖
⑧ とり ···· 닭
⑨ おてら ···· 절
⑩ たかい ···· 높다, 비싸다

예

① タイ ···· 태국
② スポーツ ···· 스포츠
③ トイレ ···· 화장실
④ タクシー ···· 택시

• た行 쓰기 연습

た
ち
つ
て
と
タ
チ
ツ
テ
ト

5 な行

な	に	ぬ	ね	の
na	ni	nu	ne	no
ナ	ニ	ヌ	ネ	ノ

설명 な행의 발음은 한국어의 「나・니・누・네・노」와 같고, 혀끝을 잇몸에 밀착시킨 다음 떼면서 코로 숨을 내보내며 발음한다. 「ぬ」는 「누」와 「느」의 중간 음이므로 입술이 튀어나오지 않게 발음한다.

예)

① あなた ‥‥ 당신　② おんな ‥‥ 여자
③ せなか ‥‥ 등　④ あに ‥‥ 형, 오빠
⑤ くに ‥‥ 나라　⑥ いぬ ‥‥ 개
⑦ あね ‥‥ 언니, 누나　⑧ ねこ ‥‥ 고양이
⑨ この ‥‥ 이－　⑩ その ‥‥ 그－
⑪ あの ‥‥ 저－　⑫ どの ‥‥ 어느－

예)

① テニス ‥‥ 테니스　② ノート ‥‥ 노트
③ ネクタイ ‥‥ 넥타이　④ ニコチン ‥‥ 니코틴

• な行 쓰기 연습

な									
に									
ぬ									
ね									
の									
ナ									
ニ									
ヌ									
ネ									
ノ									

6 は行

は	ひ	ふ	へ	ほ
ha	hi	hu	he	ho
ハ	ヒ	フ	ヘ	ホ

설명 は행의 발음은 한국어의 「하・히・후・헤・호」와 비슷하지만, 「ひ」와 「ふ」는 한국어 「히」와 「후」보다 힘주어 발음하면 유사한 소리가 나온다. 특히 「ふ」는 양 입술을 주로 사용하여 윗니와 아랫니가 닿지 않도록 한다.

예

① はい ‥‥ 네　② ばか ‥‥ 바보
③ ひみつ ‥‥ 비밀　④ くび ‥‥ 목
⑤ ひと ‥‥ 사람　⑥ ひく ‥‥ 끌다, 당기다
⑦ ふかい ‥‥ 깊다　⑧ ふね ‥‥ 배(탈것)
⑨ へそ ‥‥ 배꼽　⑩ へた ‥‥ 서투름
⑪ ほし ‥‥ 별　⑫ ほしい ‥‥ 원하다

예

① ハム ‥‥ 햄　② ヒステリー ‥‥ 히스테리
③ ホテル ‥‥ 호텔　④ フランス ‥‥ 프랑스

• は行 쓰기 연습

は									
ひ									
ふ									
へ									
ほ									
ハ									
ヒ									
フ									
ヘ									
ホ									

7 ま行

まみむめも				
ま	み	む	め	も
ma	mi	mu	me	mo
マ	ミ	ム	メ	モ

설명 ま행의 발음은 한국어의 「마・미・무・메・모」와 비슷하지만, 「む」는 성대를 울려서 발음한다. 「む」는 한국어 「무」와 「므」의 중간 음에 가깝게 발음해야 하므로, 입술이 튀어나오지 않게 발음하여야 한다.

예)

① いま ‥‥ 지금	② うま ‥‥ 말
③ みみ ‥‥ 귀	④ みなみ ‥‥ 남쪽
⑤ むかし ‥‥ 옛날	⑥ むし ‥‥ 벌레
⑦ あめ ‥‥ 비	⑧ めがね ‥‥ 안경
⑨ もも ‥‥ 복숭아	⑩ もち ‥‥ 떡
⑪ くも ‥‥ 구름	⑫ すもう ‥‥ 스모

예)

① マイアミ ‥‥ 마이애미	② ホームラン ‥‥ 홈런
③ ミルク ‥‥ 우유	④ カメラ ‥‥ 카메라

• ま行 쓰기 연습

ま									
み									
む									
め									
も									
マ									
ミ									
ム									
メ									
モ									

8 や行

や		ゆ		よ
ya		yu		yo
ヤ		ユ		ヨ

설명 や행의 발음은 한국어「야・유・요」와 같으며,「い」와「え」는 あ행의「い」와「え」가 중복된 것이다.

독자적으로 음절을 이루지 못하기 때문에 반모음이라고 한다.

일본어의 반모음에는「や」,「ゆ」,「よ」,「わ」가 있다.

예

① いや ‥‥ 싫어	② おや ‥‥ 부모
③ はやい ‥‥ 빠르다	④ やさい ‥‥ 야채
⑤ やま ‥‥ 산	⑥ やくそく ‥‥ 약속
⑦ ゆび ‥‥ 손가락	⑧ ゆき ‥‥ 눈
⑨ ゆめ ‥‥ 꿈	⑩ よる ‥‥ 밤
⑪ よく ‥‥ 자주, 잘	⑫ よめ ‥‥ 며느리

예

① ヤクルト ‥‥ 요구르트	② ユニホーム ‥‥ 유니폼
③ エスキモ ‥‥ 에스키모	④ インスタント ‥‥ 인스턴트

• や行 쓰기 연습

や

ゆ

よ

ヤ

ユ

ヨ

9 ら行

ら	り	る	れ	ろ
ra	ri	ru	re	ro
ラ	リ	ル	レ	ロ

설명 ら행의 발음은 한국어의 「라・리・루・레・로」와 같고, 혀끝이 잇몸에 가볍게 닿았다가 갑자기 떨어지면서 튕기는 발음이다.

「る」는 한국어 「루」와 「르」의 중간 음이므로 입술이 튀어 나오지 않게 발음해야 한다.

예

① あらい ‥‥ 거칠다　② さら ‥‥ 접시
③ そら ‥‥ 하늘　④ とら ‥‥ 호랑이
⑤ あり ‥‥ 개미　⑥ くり ‥‥ 밤(열매)
⑦ つり ‥‥ 낚시　⑧ とり ‥‥ 새
⑨ ある ‥‥ 있다　⑩ ねる ‥‥ 자다
⑪ これ ‥‥ 이것　⑫ それ ‥‥ 그것
⑬ くろい ‥‥ 검다　⑭ しろい ‥‥ 하얗다

예

① ライオン ‥‥ 사자　② エスカレータ ‥‥ 에스컬레이터
③ レーンコート ‥‥ 레인코트　④ ロシア ‥‥ 러시아

• ら行 쓰기 연습

ら

り

る

れ

ろ

ラ

リ

ル

レ

ロ

10 わ行

わ				を
wa				o
ワ				ヲ

설명 わ행의 발음은 한국어 「와・오」와 같고, 반모음이다. 특히, 「を」는 「お」와 발음이 같고, 한국어의 「~을, ~를」에 해당하는 조사로만 사용한다.

예

① いわ ‥‥ 바위　② かわ ‥‥ 강/가죽
③ わたし ‥‥ 나, 저　④ わかい ‥‥ 젊다
⑤ わらう ‥‥ 웃다　⑥ にわ ‥‥ 정원
⑦ パンをたべる ‥‥ 빵을 먹다　⑧ ほんをよむ ‥‥ 책을 읽다
⑨ おさけをのむ ‥‥ 술을 마시다　⑩ テレビをみる‥‥ 티비를 보다
⑪ ほんや ‥‥ 서점　⑫ しんぶん ‥‥ 신문

예

① ワイヤレス ‥‥ 와이어리스　② ワーク ‥‥ 워크
③ ワイパー ‥‥ 와이퍼　④ ワン ‥‥ 원

• わ行 쓰기 연습

わ									
を									
ん									
ワ									
ヲ									
ン									

• 탁음(濁音) •

흐린 음을 말하며 보통 콧소리로 발음한다.
탁음은 かさ(우산) たば(다발)행에만 온다.

1 が行

が	ぎ	ぐ	げ	ご
ga	gi	gu	ge	go
ガ	ギ	グ	ゲ	ゴ

설명 が행의 발음은 혀 뒤를 융기시켜 연구개에 접촉시키고, 혀를 대는 동시에 성대를 울려 발음한다. 쉽게 말하면, 한국어 단어의 2음절 이하에 나오는 발음, 즉 「누가」의 「가」와 거의 같은 발음으로서 목의 성대를 울려 내는 유성음이다.

예)

① かぎ ‥‥ 열쇠
② かぐ ‥‥ 가구
③ がいこく ‥‥ 외국
④ あご ‥‥ 턱
⑤ かいぎ ‥‥ 회의
⑥ こうぎ ‥‥ 강의
⑦ がくせい ‥‥ 학생
⑧ ごご ‥‥ 오후
⑨ げた ‥‥ 일본 나막신
⑩ ごかい ‥‥ 오해

예)

① ガイド ‥‥ 가이드
② ギター ‥‥ 기타
③ ゲーム ‥‥ 게임
④ ゴム ‥‥ 고무

• が行 쓰기 연습

が

ぎ

ぐ

げ

ご

ガ

ギ

グ

ゲ

ゴ

2 ざ行

ざ	じ	ず	ぜ	ぞ
za	ji	zu	ze	zo
ザ	ジ	ズ	ゼ	ゾ

설명 ざ행의 발음은 혀끝을 잇몸에 접촉시켜 막은 기도를, 내쉬는 숨으로 터뜨리면서 내는 발음이다. 다시 말하면, 한국어 단어의 2음절째 이하에서 나는 발음, 즉 「가자」의 「자」와 거의 같은 발음으로서 목의 성대를 울려 내는 파찰음이다.

예

① ざっし ···· 잡지
② あじ ···· 맛
③ かじ ···· 화재
④ すずめ ···· 참새
⑤ ちず ···· 지도
⑥ みず ···· 물
⑦ かぜ ···· 감기, 바람
⑧ ぜいたく ···· 사치
⑨ ぞう ···· 코끼리
⑩ なぞ ···· 수수께끼

예

① ズボン ···· 바지
② モザイク ···· 모자이크
③ ゼロ ···· 제로
④ ローズ ···· 장미

• ざ行 쓰기 연습

ざ									
じ									
ず									
ぜ									
ぞ									
ザ									
ジ									
ズ									
ゼ									
ゾ									

3 だ行

だ	ぢ	づ	で	ど
da	ji	zu	de	do
ダ	ヂ	ヅ	デ	ド

설명 だ행의 발음은 혀끝을 이의 뿌리 및 잇몸 부근에 접촉시켜 혀를 떼는 동시에 내는 유성 파열음이다. 한국어 단어의 2음절 이하에 나는 발음, 즉 「가다」의 「다」와 거의 같은 발음으로서 목의 성대를 울려 내는 발음이다.

예

① だれ　···· 누구　　② だいこん ···· 무
③ はなぢ ···· 코피　　④ くちづけ ···· 입맞춤
⑤ そで　···· 소매　　⑥ でんわ ···· 전화
⑦ でんき ···· 전기　　⑧ まど　···· 창문
⑨ どこ　···· 어디　　⑩ どちら ···· 어느 쪽
⑪ どれ　···· 어느 것　　⑫ どのほん ···· 어느 책

예

① ダークホース ···· 다크호스　　② ドライブ ···· 드라이브
③ デート ···· 데이트　　④ デザイナー ···· 디자이너

• だ行 쓰기 연습

だ

ぢ

づ

で

ど

ダ

ヂ

ヅ

デ

ド

4 ば行

ば	び	ぶ	べ	ぼ
ba	bi	bu	be	bo
バ	ビ	ブ	ベ	ボ

설명 ば행의 발음은 양 입술을 일단 다물었다가 여는 것과 동시에 내는 발음이다. 한국어 단어의 2음절째 이하에 나는 발음, 즉 「시바」의 「바」와 거의 같은 발음으로서 목의 성대를 울려 내는 유성 파열음이다.

예

① はば ‥‥ 넓이　　② ばか ‥‥ 바보
③ かばん ‥‥ 가방　　④ へび ‥‥ 뱀
⑤ くび ‥‥ 목　　⑥ ぶき ‥‥ 무기
⑦ ぶか ‥‥ 부하　　⑧ かべ ‥‥ 벽
⑨ べんとう ‥‥ 도시락　　⑩ ぼうし ‥‥ 모자

예

① ビール ‥‥ 맥주　　② ボート ‥‥ 보트
③ ボーナス ‥‥ 보너스　　④ ブーケ ‥‥ 부케

• ば行 쓰기 연습

ば									
び									
ぶ									
べ									
ぼ									
バ									
ビ									
ブ									
ベ									
ボ									

5 ぱ行

ぱ	ぴ	ぷ	ぺ	ぽ
pa	pi	pu	pe	po
パ	ピ	プ	ペ	ポ

설명 ぱ행의 발음은 양 입술을 일단 다물었다가 여는 것과 동시에 내는 파열음이다. 첫 음절에 오면 「ㅍ」 발음에 가깝고, 2음절째 이하에 오면 「ㅃ」 발음에 가깝게 발음한다.

예

① いっぱい …. 가득　② はっぱ …. 나뭇잎
③ えんぴつ …. 연필　④ ぴかぴか …. 반짝반짝
⑤ ぷかぷか …. 뻑뻑　⑥ ほっぺた …. 뺨
⑦ たんぽぽ …. 민들레　⑧ むてっぽう …. 무모함

예

① パイプ …. 파이프　② パン …. 빵
③ ピアノ …. 피아노　④ プール …. 풀장

• ぱ行 쓰기 연습

ぱ

ぴ

ぷ

ぺ

ぽ

パ

ピ

プ

ペ

ポ

• 발음과 글자 •

요음(拗音)

(ようおん)

모음(い)을 제외한 い단(き/ぎ/し/じ/ち/に/ひ/び/ぴ/み/り)에 반모음(や, ゆ, よ)을 절반 크기로 붙여 1음절로 발음한다.

1 きゃ きゅ きょ

きゃ kya							
きゅ kyu							
きょ kyo							

예)

① おきゃく ‥‥ 손님

② きゅうり ‥‥ 오이

③ きゅうりょう ‥‥ 급료

④ きょう ‥‥ 오늘

ぎゃ ぎゅ ぎょ

ぎゃ gya							

ぎゅ gyu
ぎょ gyo

예

① ぎゃくに …. 반대로
② ぎゅうにゅう …. 우유
③ ぎょうじ …. 행사
④ ぎょうせい …. 행정

2 しゃ しゅ しょ

しゃ sha
しゅ shu
しょ sho

예

① しゃかい …. 사회
② かいしゃ …. 회사
③ しゃちょう …. 사장
④ しゅうしょく …. 취직

じゃ　じゅ　じょ

じゃ ja							
じゅ ju							
じょ jo							

예

① じゃがいも ‥‥ 감자　② じゅうしょ ‥‥ 주소

③ じゅうみん ‥‥ 주민　④ じょせい ‥‥ 여성

3 ちゃ　ちゅ　ちょ

ちゃ cha							
ちゅ chu							
ちょ cho							

예

① おちゃ ‥‥ 차　② ちゅうしゃ ‥‥ 주차

③ ちょきん‥‥ 저금　④ ちゃわん ‥‥ 밥공기

4 にゃ にゅ にょ

にゃ
nya

にゅ
nyu

にょ
nyo

예)

① こんにゃく …. 곤약

② にゅういん …. 입원

③ にょうぼう …. 여보

④ にゅうがく …. 입학

5 ひゃ ひゅ ひょ

ひゃ
hya

ひゅ
hyu

ひょ
hyo

ぴゃ
pya

ぴゅ
pyu

ぴょ
pyo

びゃ
bya

びゅ
byu

びょ
byo

예)

① ひゃく …· 백

② びょうき …· 병

③ ぴょんぴょん …· 깡충깡충

④ ぴゅうぴゅう …· 휭휭

6 みゃ　みゅ　みょ

みゃ mya							
みゅ myu							
みょ myo							

예)

①みゃくどう ‥‥ 맥동　　②みょうぎ ‥‥ 묘기

③みょうあん ‥‥ 묘안　　④みょうじ ‥‥ 성씨

7 りゃ　りゅ　りょ

りゃ rya							
りゅ ryu							
りょ ryo							

예)

①しょうりゃく ‥‥ 생략　　②りゅうがく‥‥ 유학

제 2 과

あいさつ

학습목표 1. 상황별 기본적인 인사법을 익힌다.

학습포인트 1. 일본인의 인사법

2 あいさつ

만났을 때의 인사

- おはようございます。
- こんにちは。
- こんばんは。
- いい天気(てんき)ですね。
- お久(ひさ)しぶりですね。
- お元気(げんき)ですか。
- お変(か)わりありませんか。

감사의 인사

- どうも ありがとうございます。

새로나온단어

- おはようございます　안녕하세요(아침인사)
- こんばんは　안녕하세요(저녁인사)
- お久しぶりですね　오랜만입니다
- お変わりありませんか　별고 없으시죠
- ありがとうございます　감사합니다
- こんにちは　안녕하세요(낮 인사)
- 天気　날씨
- お元気ですか　잘 지내셨지요
- どうも　정말, 매우, 참
- いろいろ　여러 가지

헤어질 때의 인사

- さようなら。
- では、また。
- じゃね。
- お先(さき)に 失礼(しつれい)します。
- おやすみなさい。

사과할 때의 인사

- どうも すみません 。
- ごめんなさい。
- もうしわけございません。
- 失礼しました。

새로나온단어

- さようなら　안녕히 가세요
- では、また　그럼 또 뵙겠습니다
- じゃね　그럼 또(봐, 만나)
- お先に **失礼**します　먼저 실례하겠습니다
- おやすみなさい　안녕히 주무세요
- すみません　미안합니다
- ごめんなさい　죄송합니다
- もうしわけございません　죄송합니다
- **失礼**しました　실례가 많았습니다

식사할 때의 인사

- いただきます。
- ごちそうさまでした。

집을 나설 때와 돌아올 때의 인사

- いってきます。
- いってらっしゃい。
- お気(き)をつけて どうぞ。
- ただいま。
- おかえりなさい。

축하 인사

- おめでとうございます。

새로나온단어

- いただきます　잘 먹겠습니다
- いってきます　다녀오겠습니다
- 気をつけて　조심히
- ただいま　다녀왔습니다
- おめでとうございます　축하합니다
- ごちそうさまでした　잘 먹었습니다
- いってらっしゃい　다녀오세요
- どうぞ　어서(잘 다녀오세요)
- おかえりなさい　어서 오세요

제 3 과

はじめまして

학습목표

1. 자기 소개하는 법을 익힌다.

학습포인트

1. 私は金由美です。
2. 金さんは中国人ですか。
3. 私は中国人ではありません。

3 はじめまして

金由美(キムユミ)　はじめまして。

私(わたし)は金由美です。

よろしくおねがいします。

木村　はじめまして。木村由香(きむらゆか)です。

こちらこそ、どうぞよろしく。

金さんは中国人(ちゅうごくじん)ですか。

金由美　いいえ、私は中国人ではありません。

韓国人(かんこくじん)です。

새로나온단어

- ~は　~은/는
- ~の　~의
- ~さん　~씨, ~님
- ~です　~입니다
- ~ですか　~입니까
- はじめまして　처음 뵙겠습니다
- **私**　나, 저
- よろしくおねがいします　잘 부탁합니다
- こちらこそ どうぞよろしく　저야말로 잘 부탁합니다
- ~ではありません ~가 아닙니다
- **中国人**　중국인
- **韓国人**　한국인
- いいえ　아니오

핵심 문법과 문형

① ~は~です ~은/는 ~입니다.([は]는 조사로 쓰일 때는 [wa]로 읽는다.)

私は大学生(だいがくせい)です。 나는 대학생입니다.

私は会社員(かいしゃいん)です。 나는 회사원입니다.

私は日本人(にほんじん)です。 나는 일본인입니다.

② ~は~ですか ~은/는 ~입니까?(의문문)

あなたは大学生(だいがくせい)ですか。 당신은 대학생입니까.

キムさんは会社員(かいしゃいん)ですか。 김 씨는 회사원입니까.

田中さんは日本人(にほんじん)ですか。 다나카 씨는 일본인입니까.

③ ~ではありません ~은/는, ~이/가 아닙니다.

私は先生ではありません。 나는 선생님이 아닙니다.

キムさんは会社員ではありません。 김 씨는 회사원이 아닙니다.

田中さんはアメリカ人(じん)ではありません。 다나카 씨는 미국인이 아닙니다.

では는 じゃ로, ありません은 ないです로 바꾸어 표현할 수 있다.

私は先生じゃありません。 나는 선생님이 아닙니다.

キムさんは会社員ではないです。 김 씨는 회사원이 아닙니다.

田中さんはアメリカ人(じん)じゃないです。 다나카 씨는 미국인이 아닙니다.

새로나온단어

- **大学生** 대학생
- **会社員** 회사원
- **日本人** 일본인
- **アメリカ人** 아메리카인

④ 人称代名詞 인칭대명사

1인칭(自称, 자칭)

わたくし 저	わたし 저, 나	ぼく 나, 저	おれ 나

2인칭(対称, 대칭)

あなた 당신	きみ 자네	おまえ 너

3인칭(他称, 타칭)

かれ(彼) 그	かのじょ(彼の女) 그녀

부정칭

どのかた(どなた) 어느 분	だれ 누구

일본인의 성씨

- 田中(たなか)
- 田原(たはら)
- 田村(たむら)
- 山田(やまだ)
- 内田(うちだ)
- 平田(ひらた)
- 深田(ふかだ)
- 藤田(ふじた)
- 古田(ふるた)
- 森田(もりた)
- 安田(やすだ)
- 山田(やまだ)
- 柳田(やなぎだ)
- 吉田(よしだ)
- 和田(わだ)
- 福田(ふくだ)
- 小川(おがわ)
- 中川(なかがわ)
- 長谷川(はせがわ)
- 早川(はやかわ)

- 岡田(おかだ)
- 金田(かねだ)
- 北田(きただ)
- 黒田(くろだ)
- 久保田(くぼた)
- 野村(のむら)
- 中村(なかむら)
- 今井(いまい)
- 永井(ながい)
- 酒井(さかい)
- 新井(あらい)
- 大山(おおやま)
- 丸山(まるやま)
- 横山(よこやま)
- 徳山(とくやま)
- 金山(かねやま)
- 松本(まつもと)
- 山本(やまもと)
- 橋本(はしもと)
- 服部(はっとり)

- 島田(しまだ)
- 杉田(すぎた)
- 津田(つだ)
- 戸田(とだ)
- 原田(はらだ)
- 長島(ながしま)
- 樋口(ひぐち)
- 関口(せきぐち)
- 村上(むらかみ)
- 井上(いのうえ)
- 石原(いしはら)
- 上原(うえはら)
- 落合(おちあい)
- 高橋(たかはし)
- 清水(しみず)
- 小林(こばやし)
- 菊地(きくち)
- 小野(おの)
- 近藤(こんどう)
- 遠藤(えんどう)

- 石川(いしかわ)
- 吉川(よしかわ)
- 加藤(かとう)
- 伊藤(いとう)
- 佐藤(さとう)
- 斎藤(さいとう)
- 木村(きむら)
- 今村(いまむら)
- 上村(うえむら)
- 山村(やまむら)
- 吉村(よしむら)
- 木下(きのした)
- 松下(まつした)
- 山下(やました)
- 石沢(いしざわ)
- 小沢(おざわ)
- 黒沢(くろさわ)
- 水谷(みずたに)
- 鈴木(すずき)
- 佐々木(ささき)
- 三島(みしま)
- 中島(なかじま)
- 土井(どい)
- 安部(あべ)
- 石井(いしい)
- 金子(かねこ)
- 神田(かんだ)
- 上野(うえの)
- 山崎(やまざき)
- 柳(やなぎ)
- 林(はやし)
- 南(みなみ)
- 角(すみ)

문장연습

예문 李(り)さん / 中国人 ➤➤ 李さんは中国人ですか。
➤➤ 李さんは中国人ではありません。

1) スミスさん / イギリス

➤➤

➤➤

2) 木村さん / 会社員

➤➤

➤➤

3) 金さん / 学生

➤➤

➤➤

4) 金さん / 先生

➤➤

➤➤

5) 李(り)さん / 留学生(りゅうがくせい)

➤➤

➤➤

예문 李(り)さん / 中国人 ➤➤ 李さんは中国人ではありません。

➤➤ 李さんは中国人じゃないです。

1) スミスさん / イギリス

➤➤

➤➤

2) 木村さん / 会社員

➤➤

➤➤

3) 金さん / 学生

➤➤

➤➤

4) 金さん / 先生

➤➤

➤➤

5) 李(り)さん / 留学生(りゅうがくせい)

➤➤

➤➤

연습문제 I

※ 다음 글을 일본어로 옮기세요.

1) 처음 뵙겠습니다.

➤➤

2) 잘 부탁드립니다.

➤➤

3) 야마다(山田) 씨는 대학생입니까?

➤➤

4) 김 선생님(金さん)은 중국인이 아닙니다.

➤➤

5) 당신은 회사원입니까?

➤➤

제 4 과

それは本です

학습목표

1. 지시대명사와 연체사(こ、そ、あ、ど)를 익힌다.

학습포인트

1. これは本です。
2. あれも本ですか。
3. 何の本ですか。

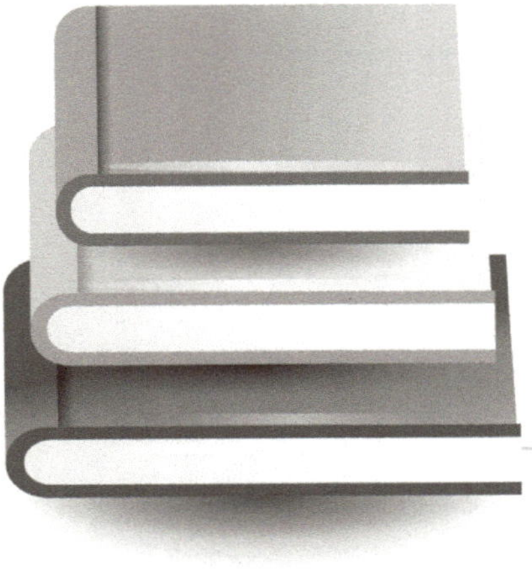

4 それは本です

田中 先生　木村さん、
この本はだれのですか。

木村　それは金さんのです。

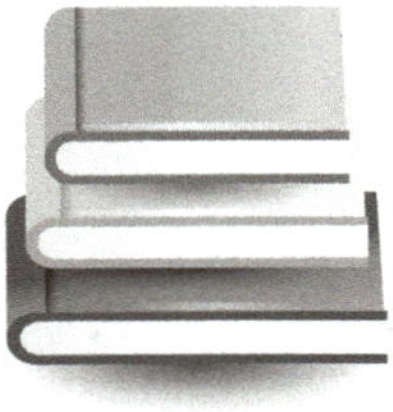

田中 先生　金さん、
これは何(なん)の本ですか。

金由美　それは料理(りょうり)の本です。

田中 先生　木村さん、あれも金さんの本ですか。

木村　いいえ、あれは私のノートです。

새로나온단어

- 先生　선생님
- だれ　누구
- それ　그것
- ノート　노트
- この　이
- 料理　요리
- ~も　~도
- 何　무엇, 무슨
- これ　이것
- あれ　저것

핵심 문법과 문형

① こ、そ、あ、ど 용법

분류	連体詞	事物	場所	連体詞	方向	副詞形
근칭(こ)	この 이	これ 이것	ここ 여기	こんな 이런	こちら (こっち) 이쪽	こう 이렇게
중칭(そ)	その 그	それ 그것	そこ 거기	そんな 그런	そちら (そっち) 그쪽	そう 그렇게
원칭(あ)	あの 저	あれ 저것	あそこ 저기	あんな 저런	あちら (あっち) 저쪽	ああ 저렇게
부정칭(ど)	どの 어느	どれ 어느 것	どこ 어디	どんな 어떤	どちら (どっち) 어느 쪽	どう 어떻게

- ここはどこですか。 여기는 어디입니까?
- この人(ひと)はだれですか。 이 사람은 누구입니까?
- お席(せき)はこちらです。 좌석은 이쪽입니다.
- これはどうですか。 이것은 어떻습니까?

새로나온단어

- 人 사람
- お席 좌석

② ～は何ですか。～은/는 무엇입니까?

- これは何ですか。　이것은 무엇입니까?
- それはジャムです。　그것은 잼입니다.
- それはバターです。　그것은 버터입니다.
- あれは何ですか。　저것은 무엇입니까?
- あれは日本の和牛(わぎゅう)です。　저것은 일본의 와규(소고기)입니다.
- あれは韓国のキムチです。　저것은 한국의 김치입니다.

③ 何の本(무슨 책)

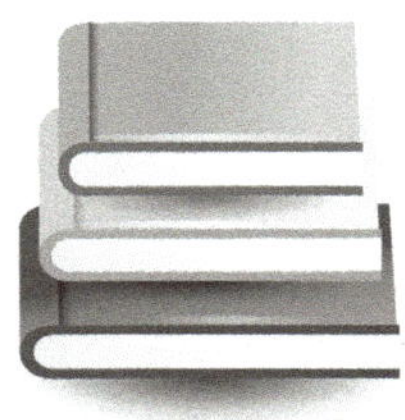

- 何の色(いろ)ですか。　무슨 색입니까?
- 何の味(あじ)ですか。　무슨 맛입니까?
- 何の料理(りょうり)ですか。　무슨 요리입니까?

새 로 나 온 단 어

- ジャム　잼
- バター　버터
- **和牛**　일본 소고기
- キムチ　김치
- **色**　색
- **味**　맛

④ の의 용법

- 私の本(ほん)です。(소유) 나의 책입니다. (~의)
- 日本(にほん)大学(だいがく)の先生です。(소속) 일본대학의 선생님입니다. (~의)
- 英語(えいご)の本。(속성) 해석되지 않음 영어책
- 日本人の木村さん。(동격) 일본인인 기무라씨 (~인)
- これは私のです。(대명사) 이것은 내 것입니다. (~것)

⑤ ~も ~도

- 私も韓国人です。 나도 한국인입니다.
- これも日本料理(りょうり)ですか。 이것도 일본요리입니까.
- あれもノートですか。 저것도 노트입니까.

문장연습

예문 これは何ですか。(それ / 牛肉(ぎゅうにく)) ➤➤ それは牛肉です。

1) これは何ですか。(それ / 豚肉(ぶたにく))

➤➤

2) それは何ですか。(これ / とりにく)

➤➤

3) あれは何ですか。(あれ / たまご)

➤➤

4) あれは何ですか。(あれ / 魚(さかな))

➤➤

새로나온단어

- 牛肉 소고기
- 豚肉 돼지고기
- とりにく 닭고기
- たまご 계란
- 魚 생선

예문 これも本(ほん)ですか。(ノート) ➤➤ いいえ、それはノートです。

1) これもボールペンですか。(サインペン)

➤➤ いいえ、

2) それもケータイですか。(カメラ)

➤➤ いいえ、

3) あれも海(うみ)ですか。(川(かわ))

➤➤ いいえ、

4) あれも犬(いぬ)ですか。(猫(ねこ))

➤➤ いいえ、

새로나온단어

- ボールペン 볼펜
- サインペン 사인펜
- ケータイ 휴대폰
- カメラ 카메라
- 海 바다
- 川 강
- 犬 개
- 猫 고양이

예문 (何 / 色) ≫ 何の色ですか。

1) (何 / 時間(じかん))

≫

2) (何 / お金)

≫

3) (何 / 勉強(べんきょう))

≫

4) (何 / 話(はな)し)

≫

5) (何 / まね)

≫

새로나온단어

- 時間 시간
- お金 돈
- 勉強 공부
- 話し 이야기
- まね 흉내

연습문제 I

※ 다음 글을 일본어로 옮기세요.

1) 이것은 무엇입니까?

➤➤

2) 그것은 컴퓨터(パソコン)입니다.

➤➤

3) 연필(鉛筆[えんぴつ])은 어느 것입니까?

➤➤

4) 저 사람은 어떤 사람입니까?

➤➤

5) 저것은 무슨 색입니까?

➤➤

새로나온단어

- パソコン 컴퓨터
- 鉛筆 연필

제 5 과

この中に何がありますか

학습목표

1. 위치명사와 존재사를 익힌다.

학습포인트

1. 中(なか)には何がありますか
2. 上(うえ)のものは何ですか
3. 何(なに)もありません。

5 この中(なか)に何(なに)がありますか

田中 先生	金さん、この中(なか)には何(なに)がありますか。
金由美	その中(なか)には果物(くだもの)があります。
田中 先生	木村さん、 あのテーブルの上(うえ)のものは何ですか。
木村	あれは野菜(やさい)とナイフです。
田中 先生	テーブルの下(した)には何(なに)がありますか。
木村	テーブルの下には何(なに)もありません。

새로나온단어

- 中　안, 속
- 果物　과일
- 野菜　야채
- ~と　~와/과
- ~も　~도
- 何　무엇
- 上　위
- ナイフ　칼(나이프)
- テーブル　테이블
- ありません　없습니다
- あります　있습니다
- もの　사물, 물건
- 下　아래, 밑
- ~には　~에는

핵심 문법과 문형

① 위치명사와 존재표현

うえ(上) 위	した(下) 밑	なか(中) 안, 속	そと(外) 밖	そば(側) 옆, 곁
まえ(前) 앞	うしろ(後) 뒤	ひだり(左) 왼쪽	みぎ(右) 오른쪽	よこ(横) 옆
ひがし(東) 동쪽	にし(西) 서쪽	みなみ(南) 남쪽	きた(北) 북쪽	となり(隣) 옆, 이웃

	있습니다	없습니다
사물의 존재	あります	ありません
사람, 동물의 존재	います	いません

- 机(つくえ)の上に新聞(しんぶん)があります。 책상 위에 신문이 있습니다.
- 食堂(しょくどう)は駅(えき)の前にあります。 식당은 역 앞에 있습니다.
- 金さんの左に木村さんがいます。 김 선생님의 왼쪽에 기무라 씨가 있습니다.
- 銀行(ぎんこう)の隣にホテルがあります。 은행 옆에 호텔이 있습니다.

새로나온단어

- **机** 책상
- **新聞** 신문
- **食堂** 식당
- **駅** 역
- **銀行** 은행

② ~と　~와/과

- ごはんと味噌汁(みそしる)　밥과 된장국
- パンとチーズ　빵과 치즈
- えびとかに　새우와 게

③ ~もありません　~도 없습니다.

- なにもありません。 아무것도 없습니다.
- お金(かね)もありません。　돈도 없습니다.
- だれもいません。　아무도 없습니다.
- どこにもありません。 어디에도 없습니다.

새 로 나 온 단 어

- ごはん　밥
- 味噌汁　된장국
- パン　빵
- チーズ　치즈
- えび　새우
- かに　게
- ~にも　~에도

문장연습

예문 (かご / 中) ➤➤ かごの中に何がありますか。

1) (車(くるま) / 前(まえ))

➤➤

2) (食堂(しょくどう) / 右(みぎ))

➤➤

3) (韓国(かんこく) / 東(ひがし))

➤➤

4) (ねこ / そば)

➤➤

5) (駅(えき) / となり)

➤➤

새로나온단어

- かご 바구니
- 車 자동차
- 食堂 식당
- ねこ 고양이
- 駅 기차역

연습문제 Ⅰ

※ 다음 글을 일본어로 옮기세요.

1) 책상 밑에 고양이가 있습니다.

➤➤

2) 의자(椅子)는 책상 옆에 있습니다.

➤➤

3) 연필(鉛筆)은 어디에 있습니까?

➤➤

4) 연필은 어디에도 없습니다.

➤➤

5) 방(部屋) 안에는 아무도 없습니다.

➤➤

새로나온단어

- 椅子 의자
- 部屋 방(room)

제 6 과

いくらですか

학습목표

1. 수사를 익히고 가격을 말한다.

학습포인트

1. ありますか。
2. いくらですか。

6 いくらですか

金由美　すみません。お弁当(べんとう)ありますか。

店員　はい、５６０円(ごひゃくろくじゅうえん)です。

金由美　お飲(の)み物(もの)はどちらですか。

店員　はい、こちらです。

金由美　このお茶(ちゃ)はいくらですか。

店員　お茶は１本(いっぽん)　１１０円(ひゃくじゅうえん)です。

새로나온단어

• すみません　여보세요!	• お弁当　도시락	• はい　네
• ありますか　있습니까?	• お飲み物　음료	• ~円　~엔
• こちら　이쪽	• いくら　얼마	• 1本　한 병
• この　이	• お茶　차(녹차)	

핵심 문법과 문형

① ～ありますか。 ～ 있습니까?

- やきとりありますか。 야키토리 있습니까?
- 生(なま)ビールありますか。 생맥주 있습니까?
- ワインありますか。 와인 있습니까?

② ～はどちらですか。 ～는 어디에 있습니까?

- 新聞(しんぶん)はどちらですか。 신문은 어디에 있습니까?
- コーラはどちらですか。 콜라는 어디에 있습니까?
- ハンバーガはどちらですか。 햄버거는 어디에 있습니까?

③ いくらですか。 얼마입니까?

- チーズケーキはいくらですか。 치즈케이크는 얼마입니까?
- アイスクリームはいくらですか。 아이스크림은 얼마입니까?
- サラダはいくらですか。 샐러드는 얼마입니까?

새 로 나 온 단 어

- やきとり 야키토리
- 生ビール 생맥주
- ワイン 와인
- 新聞 신문
- コーラ 콜라
- ハンバーガ 햄버거
- チーズケーキ 치즈케이크
- アイスクリーム 아이스크림
- サラダ 샐러드

④ 일본어의 수사

숫자	읽기	숫자	읽기	숫자	읽기	숫자	읽기
1	いち	11	じゅういち	110	ひゃくじゅう	1,100	せんひゃく
2	に	20	にじゅう	200	にひゃく	2,000	にせん
3	さん	30	さんじゅう	300	さんびゃく	3,000	さんぜん
4	し, よん	40	よんじゅう	400	よんひゃく	4,000	よんせん
5	ご	50	ごじゅう	500	ごひゃく	5,000	ごせん
6	ろく	60	ろくじゅう	600	ろっぴゃく	6,000	ろくせん
7	しち, なな	70	ななじゅう	700	ななひゃく	7,000	ななせん
8	はち	80	はちじゅう	800	はっぴゃく	8,000	はっせん
9	きゅう, く	90	きゅうじゅう	900	きゅうひゃく	9,000	きゅうせん
10	じゅう	100	ひゃく	1,000	せん	10,000	いちまん

⑤ 여러 가지 助数詞(단위)

	가방, 짐	술병, 연필, 꽃	술잔	종이, 서류, 티켓	차, 비행기
	~개	~자루, 병	~잔	~장	~대
1	一個	一本	一杯	一枚	一台
	いっこ	いっぽん	いっぱい	いちまい	いちだい
2	二個	二本	二杯	二枚	二台
	にこ	にほん	にはい	にまい	にだい
3	三個	三本	三杯	三枚	三台
	さんこ	さんぼん	さんばい	さんまい	さんだい
4	四個	四本	四杯	四枚	四台
	よんこ	よんほん	よんはい	よんまい	よんだい
5	五個	五本	五杯	五枚	五台
	ごこ	ごほん	ごはい	ごまい	ごだい
6	六個	六本	六杯	六枚	六台
	ろっこ	ろっぽん	ろっぱい	ろくまい	ろくだい
7	七個	七本	七杯	七枚	七台
	ななこ	ななほん	ななはい	ななまい	ななだい
8	八個	八本	八杯	八枚	八台
	はっこ	はっぽん	はっぱい	はちまい	はちだい
9	九個	九本	九杯	九枚	九台
	きゅうこ	きゅうほん	きゅうはい	きゅうまい	きゅうだい
10	十個	十本	十杯	十枚	十台
	じゅっこ	じゅっぽん	じゅっぱい	じゅうまい	じゅうだいお
몇	何個	何本	何杯	何枚	何台
	なんこ	なんぼん	なんばい	なんまい	なんだい

문장연습

예문 じゃがいも / 一個(いっこ) ➤➤ じゃがいもは一個いくらですか。

1) トマト / 三個(さんこ)

➤➤ ______

2) かんコーヒー / 一本(いっぽん)

➤➤ ______

3) 紅茶(こうちゃ) / 一杯(いっぱい)

➤➤ ______

4) チーズ / 一枚(いちまい)

➤➤ ______

새로나온단어

- じゃがいも 감자
- トマト 토마토
- **三個** 세 개
- かんコーヒー 캔커피
- **紅茶** 홍차
- チーズ 치즈
- **一枚** 한 장

예문 4,500円 ➤➤ よんせんごひゃくえん

1) 3,600円

➤➤

2) 6,300円

➤➤

3) 8,800円

➤➤

4) 1,144円

➤➤

5) 999円

➤➤

연습문제 I

※ 다음 글을 일본어로 옮기세요.

1) 와인(ワイン)은 이쪽에 있습니다.

>>

2) 캔커피(かんコーヒー) 있습니까?

>>

3) 신문(新聞)은 어디에 있습니까?

>>

4) 신문은 저쪽입니다.

>>

5) 그 티켓(チケット)은 1장(1枚)에 얼마입니까?

>>

제 7 과

一つください

학습목표

1. 수사를 익히고 가격을 말한다.

학습포인트

1. ありますか。
2. いくらですか。

7 一つください

店員(てんいん)　いらっしゃいませ。

　　　お客(きゃく)さま！　こちらへ　どうぞ。

金由美　どうも。

店員　ご注文(ちゅうもん)どうぞ。

金由美　カルビ二人前(ににんまえ)お願いします。

　　　それからビールも一つください。

店員　はい、かしこまりました。

店員　カルビ二人前(ににんまえ)とビールが一本ですね。

　　　合(あ)わせて、3500円(さんぜんごひゃく)です。

　　　ありがとうございました。

새로나온단어

- いらっしゃいませ　어서오세요
- どうぞ　앉으세요
- 二人前　이인분
- 一つ　하나
- かしこまりました　잘 알겠습니다.
- お客さま　손님
- ご注文どうぞ　주문하시지요
- お願いします　부탁합니다.
- ください　주세요
- 合わせて　합해서
- ~へ　~으로. ~에
- カルビ　갈비
- それから　그리고
- ~ですね。　~이군요

핵심 문법과 문형

① おねがいします。 부탁합니다.

- カツ丼(どん)おねがいします。 돈가스덮밥 부탁합니다.
- 牛丼(ぎゅうどん)おねがいします。 소고기덮밥 부탁합니다.
- 親子丼(おやこどん)おねがいします。 닭고기덮밥 부탁합니다.

② ~(を)ください。 ~을 주세요.

- やきとりとビールく(を)ださい。 야키토리와 맥주(를) 주세요.
- お水(みず) 一杯(いっぱい)ください。 물 한 잔 주세요.
- おにぎりとお茶ください。 주먹밥과 녹차 주세요.

③ ~(を)合(あ)わせて、 ~을 합해서 ~모두해서

- コーラとハンバーガを合わせて、560円(ごひゃくろくじゅう)です。

  콜라와 햄버거를 합해서 560엔입니다.
- 合わせて、ちょうど一万円(いちまん)です。 합해서 정확히 만 엔입니다.
- 合わせていくらですか。 합해서 얼마입니까?

새로나온단어

- **カツ丼** 돈가스덮밥
- **牛丼** 소고기덮밥
- **親子丼** 닭고기덮밥
- お水 물(음료수)
- おにぎり 주먹밥(삼각김밥)
- ちょうど 정확히, 딱

④ 일본어의 수사

뜻	표기	읽기	뜻	표기	읽기
하나	一つ	ひとつ	여섯	六つ	むっつ
둘	二つ	ふたつ	일곱	七つ	ななつ
셋	三つ	みっつ	여덟	八つ	やっつ
넷	四つ	よっつ	아홉	九つ	ここのつ
다섯	五つ	いつつ	열	十	とお

⑤ 여러 가지 助数詞(단위)

	요리를 셀 때	사람을 셀 때		나이를 셀 때	차례를 셀 때
	~인분	~사람	~명	~살(歳,才)	~번(番)
1	一人前	一人	一名	一才	一番
	いちにんまえ	ひとり	いちめい	いっさい	いちばん
2	二人前	二人	二名	二才	二番
	ににんまえ	ふたり	にめい	にさい	にばん
3	三人前	三人	三名	三才	三番
	さんにんまえ	さんにん	さんめい	さんさい	さんばん
4	四人前	四人	四名	四才	四番
	よにんまえ	よにん	よんめい	よんさい	よんばん
5	五人前	五人	五名	五才	五番
	ごにんまえ	ごにん	ごめい	ごさい	ごばん
몇	何人前	何人	何名	何才	何番
	なんにんまえ	なんにん	なんめい	なんさい	なんばん

⑥ 色(いろ)んなお酒(さけ) 여러 가지 술

- ウオッカ(vodka) 보드카
- オンザロック(on the rocks) 온더락 ↔ ストレイト(straight) 스트레이트
- カクテル(cocktail) 칵테일
- 炭酸水(soda water：たんさんすい) 소다 워터
- 辛口(dry：からくち) 드라이
- ビール(beer) 맥주
- かんビール(canned beer) 캔맥주
- 生ビール(draft beer) 생맥주
- テキーラ(tequila) 테킬라
- 日本酒(sake：にほんしゅ) 정종
- ハイボール(wisky and soda) 위스키 앤 소다
- ぶどう酒(wine) 와인
- ブランデー(brandy) 브랜디
- バーボン(burbon) 버본, 위스키
- マティーニ(martini) 마티니, 칵테일
- 水割(みずわ)り(whisky and water) 위스키 앤 워터
- ラム(rum) 럼

⑦ 色んな果物(くだもの) 여러 가지 과일

- アップル(apple) 사과
- いちご(strawberry) 딸기
- 柿(かき) 감
- ペア(pear：梨 なし) 배

- さくらんぼ(cherry) 체리
- すいか(watermelon) 수박
- パイナップル(pineapple) 파인애플
- バナナ(banana) 바나나

- ぶどう(grape) 포도
- マンゴ(mango) 망고
- みかん(mandarin) 귤
- ピーチ(peach：桃 もも) 복숭아

⑧ 色んな飲(の)み物(もの) 여러 가지 음료

- グレープフルーツ ジュース(grapefruit juice) 그래이프프루트 주스
- ダイエット飲料(いんりょう)(diet drink) 다이어트 음료
- トマト ジュース(tomato juice) 토마토 주스
- パイナップル ジュース(pineapple juice) 파인애플 주스

• パパイヤ ジュース(papaya juice) 파파야 주스

• ぴーち ジュース(peach juice) 복숭아 주스

• フルーツ ジュース(fruit juice) 프루트 주스

• フルーツ パンチ(fruit punch) 프루트 펀치

• マンゴ ジュース(mango juice) 망고 주스

• お水(みず) (water) 워터

• ミネラルウォーター(mineral water) 미네랄 워터

• ミルク(milk) 밀크

• ミルク セーキ(milk shake) 밀크 셰이크

• レモンネード(lemonade) 레몬에이드

• ティー(tea) 차(홍차)

ミルクティー(tea with milk) 밀크 차

レモンティー(tea with lemon) 레몬 차

새로나온단어

• 色んな 여러 가지
• 飲み物 음료
• お酒 술
• 飲料 음료
• 果物 과일

문장연습

예문 バナナ / 三(みっ)つ ➤➤ バナナを 三つ ください。

1) すいか / 一つ

➤➤

2) かんコーヒー / 一本(いっぽん)

➤➤

3) たこやき / 二人前

➤➤

4) チーズ / 一枚(いちまい)

➤➤

새로나온단어

- バナナ 바나나
- すいか 수박
- かんコーヒー 캔커피
- たこやき 타코야키
- 二人前 2인분
- 一枚 한 장

예문 14,500円 ➤➤ いちまんよんせんごひゃくえん

1) 33,600円

➤➤

2) 16,300円

➤➤

3) 48,800円

➤➤

4) 71,144円

➤➤

5) 66,666円

➤➤

연습문제 I

※ 다음 글을 일본어로 옮기세요.

1) 소고기덮밥(牛丼) 셋 주세요.

➤➤

2) 생맥주(生ビール)도 1병(一本) 부탁해요.

➤➤

3) 몇 명이세요?

➤➤

4) 두 사람입니다.

➤➤

5) 나는 1번, 당신은 2번입니다.

➤➤

제 8 과

今(いま)、何時(なんじ)ですか

학습목표

1. 시간과 요일을 말한다.

학습포인트

1. 何時からですか。
2. 何時までですか。
3. ~ですね。

8 今(いま)、何時(なんじ)ですか

金由美 木村さん、今(いま) 何時ですか。

木村 4時半(よじはん)です。

金由美 もうそろそろアルバイトの時間(じかん)ですね。

木村 金さん、アルバイトは何時(なんじ)から何時までですか。

金由美 午後5時(ごごごじ)から夜10時(よるじゅうじ)までです。

木村 土日(どにち)は休(やす)みですか。

金由美 いいえ、日曜日(にちようび)は休みですが、

土曜日(どようび)は休みじゃありません。

새	로	나	온	단	어

- **今** 지금
- そろそろ 슬슬,이제 곧
- **何時** 몇 시
- **午後** 오후
- **休み** 휴일
- **半** 반(30분)
- **時間** 시간
- ~から ~부터
- **夜** 밤
- **午前** 오전
- もう 이제, 벌써
- アルバイト 아르바이트
- ~まで ~까지
- **土日** 토, 일요일

핵심 문법과 문형

① ~から ~(으)로부터

- 何時からですか。 몇 시부터입니까?
- あのパン屋(や)は何時からですか。 저 빵가게는 몇 시부터입니까?
- あそこのレストランは何時からですか。 저기 레스토랑은 몇 시부터입니까?

② ~まで ~까지

- 何時までですか。 몇 시까지입니까?
- この店(みせ)は何時までですか。 이 가게는 몇 시까지입니까?
- やきとり屋は何時までですか。 야키토리 가게는 몇 시까지입니까?

③ ~ですね。 ~이군요!

- 金さんはいつも元気(げんき)ですね。 김 선생님은 언제나 건강하시네요!
- この料理はとてもおいしいですね。 이 요리는 무척 맛있군요!
- それはいいですね。 그것은 참 좋겠네요!

새로나온단어

- **パン屋** 빵집
- レストラン 레스토랑
- **店** 가게
- **元気** 원기(건강)
- おいしい 맛있다
- それは 그것은
- いい 좋다, 괜찮다

④ 何時 몇 시

한 시	1時	一時	いちじ
두 시	2時	二時	にじ
세 시	3時	三時	さんじ
네 시	4時	四時	よじ
다섯 시	5時	五時	ごじ
여섯 시	6時	六時	ろくじ
일곱 시	7時	七時	しちじ
여덟 시	8時	八時	はちじ
아홉 시	9時	九時	くじ
열 시	10時	十時	じゅうじ
열한 시	11時	十一時	じゅういちじ
열두 시	12時	十二時	じゅうにじ
몇 시		何時	なんじ

⑤ 何分 몇 분

1분	一分	いっぷん	
2분	二分	にふん	
3분	三分	さんぷん	
4분	四分	よんぷん	
5분	五分	ごふん	
6분	六分	ろっぷん	
7분	七分	ななふん	
8분	八分	はっぷん、はちふん	
9분	九分	きゅうふん	
10분	十分	じゅっぷん、じっぷん	
11분	十一分	じゅういっぷん	
12분	十二分	じゅうにふん	
20분	二十分	にじゅっぷん、にじっぷん	
30분	三十分	さんじゅっぷん、さんじっぷん	半(はん)
40분	四十分	よんじゅっぷん、よんじっぷん	
45분	四十五分	よんじゅうごふん	
몇분	何分	なんぷん	

⑥ 시간대별 하루

あけがた 明方 새벽	あさ 朝 아침	ひる 昼 점심	ゆうがた 夕方 저녁	よる 夜 밤	よなか 夜中 한밤중
ごぜん 午前 오전			ごご 午後 오후		

⑦ 요일

げつようび 月曜日 월요일	かようび 火曜日 화요일	すいようび 水曜日 수요일	もくようび 木曜日 목요일
きんようび 金曜日 금요일	どようび 土曜日 토요일	にちようび 日曜日 일요일	なんようび 何曜日 무슨 요일

- 金曜日の夜はとてもあつい。 금요일의 밤은 무척 뜨겁다.
- 月曜日の朝はとてもいそがしい。 월요일 아침은 무척 바쁘다.
- 土曜日の午後はとてもたのしい。 토요일 오후는 무척 즐겁다.

새로 나온 단어

- あつい 뜨겁다, 덥다
- いそがしい 바쁘다
- たのしい 즐겁다

문장연습

예문 コーヒーショップ / 朝9時(あさくじ) / 夜(よる)11時

➤➤ コーヒーショップは　朝９時から夜11時までです。

1) カフェ / 午後5時 / 夜11時

➤➤

2) 学校(がっこう) / 午前(ごぜん) 9時 / 午後(ごご) 5 時

➤➤

3) 記念(きねん)パーティ / 水曜日(すいようび)の夕方(ゆうがた) / 夜中(よなか)

➤➤

4) 休み(やすみ) / 日曜日(にちようび) / 次(つぎ)の日曜日

➤➤

5) 休学(きゅうがく) / 今年(ことし) / 来年(らいねん)

➤➤

새로나온단어

- コーヒーショップ　커피숍
- カフェ　카페
- 学校　학교
- 記念　기념
- パーティ　파티
- 次　다음

예문 2時 12分 ➤➤ にじじゅうにふん

1) 4 時 14分

➤➤

2) 6 時 36分

➤➤

3) 7 時 48分

➤➤

4) 9時 30分

➤➤

5) 12時 41分

➤➤

연습문제 Ⅰ

※ 다음 글을 일본어로 옮기세요.

1) 수업(授業)은 몇 시부터입니까?

>>

2) 수업(授業)은 9시부터입니다.

>>

3) 일요일은 쉽니다.

>>

4) 토요일은 오전까지입니다.

>>

5) 그것 참 좋네요.

>>

새로나온단어

- 授業 수업

제 9 과

お誕生日(たんじょうび)はいつですか

학습목표

1. 시제와 달력을 익히고 날짜를 말한다.

학습포인트

1. 今日は何月何日ですか。
2. 明日は何曜日ですか。
3. 来週の月曜日です。

9 お誕生日(たんじょうび)はいつですか

木村	金さん、お誕生日(たんじょうび)はいつですか。
金由美	私の誕生日は 12 月(じゅうにがつ) 5 日(いつか)です。
木村	では、来週(らいしゅう)の月曜日(げつようび)ですね。
金由美	木村さんのお誕生日はいつですか。
木村	私は2002年12月 2 日(ふつか)です。
金由美	えっ、では、 木村さんのお誕生日は明日(あした)ですね。 おめでとうございます。

새로나온단어

- **お誕生日** 생신
- **いつ** 언제
- **来週** 다음 주
- **えっ** 네에
- **今日** 오늘
- **~が** ~이/가
- **おめでとうございます** 축하합니다.

핵심 문법과 문형

① 今日(きょう)は何月何日(なんがつなんにち)ですか。 오늘은 몇 월 며칠입니까?

- オープンは何月何日ですか。 오늘은 몇 월 며칠입니까?
- こどもの日は何月何日ですか。 어린이날은 몇 월 며칠입니까?
- お正月(しょうがつ)は何月何日ですか。 설날은 몇 월 며칠입니까?

② 明日(あした)は何曜日(なんようび)ですか。 내일은 무슨 요일입니까?

- 昨日は何曜日でしたか。 어제는 무슨 요일이었습니까?
- 今日は何曜日ですか。 오늘은 무슨 요일입니까?
- 宴会(えんかい)は来週の何曜日ですか。 연회는 다음 주 무슨 요일입니까?

③ ～が ～이/가

- これが金さんの料理の本です。 이것이 김 선생님의 요리 책입니까?
- あれがたこやきですか。 저것이 타코야키입니까?
- これがカツ丼(どん)ですか。 이것이 가츠동(돈가스덮밥)입니까?

④ ～でした ～이었습니다(ですの 과거)

- 去年(きょねん)は2021年でした。 지난해는 2021년이었습니다.
- 昨日は私の誕生日でした。 어제는 나의 생일이었습니다.
- 先週(せんしゅう)は休みでした。 지난주는 휴가였습니다.

⑤ 年月 년, 월

1년	一年	いちねん	1월	一月	いちがつ
2년	二年	にねん	2월	二月	にがつ
3년	三年	さんねん	3월	三月	さんがつ
4년	四年	よねん	4월	四月	しがつ
5년	五年	ごねん	5월	五月	ごがつ
6년	六年	ろくねん	6월	六月	ろくがつ
7년	七年	しちねん	7월	七月	しちがつ
8년	八年	はちねん	8월	八月	はちがつ
9년	九年	きゅう(く)ねん	9월	九月	くがつ
10년	十年	じゅうねん	10월	十月	じゅうがつ
11년	十一年	じゅういちねん	11월	十一月	じゅういちがつ
20년	二十年	にじゅうねん	12월	十二月	じゅうにがつ
몇 년	何年	なんねん	몇 월	何月	なんがつ

새로나온단어

- オープン　오픈
- こどもの日　어린이날
- 宴会　연회
- たこやき　타코야키(문어빵)
- カツ丼　가츠동(돈가스덮밥)
- ラーメン　라면

⑥ 日 일

1일	一日	ついたち	17일	十七日	じゅうしちにち
2일	二日	ふつか	18일	十八日	じゅうはちにち
3일	三日	みっか	19일	十九日	じゅうくにち
4일	四日	よっか	20일	二十日	はつか
5일	五日	いつか	21일	二十一日	にじゅういちにち
6일	六日	むいか	22일	二十二日	にじゅうににち
7일	七日	なのか	23일	二十三日	にじゅうさんにち
8일	八日	ようか	24일	二十四日	にじゅうよっか
9일	九日	ここのか	25일	二十五日	にじゅうごにち
10일	十日	とうか	26일	二十六日	にじゅうろくにち
11일	十一日	じゅういちにち	27일	二十七日	にじゅうしちにち
12일	十二日	じゅうににち	28일	二十八日	にじゅうはちにち
13일	十三日	じゅうさんにち	29일	二十九日	にじゅうくにち
14일	十四日	じゅうよっか	30일	三十日	さんじゅうにち
15일	十五日	じゅうごにち	31일	三十一日	さんじゅういちにち
16일	十六日	じゅうろくにち	몇 일	何日	なんにち

きょねん(去年) 지난해	ことし(今年) 올해	らいねん(来年) 내년
せんげつ(先月) 지난달	こんげつ(今月) 이번 달	らいげつ(来月) 다음 달
せんしゅう(先週) 지난주	こんしゅう(今週) 이번 주	らいしゅう(来週) 다음 주
きのう(昨日) 어제	きょう(今日) 오늘	あした(明日) 내일

문장연습

예문 今日は月曜日です。 ≫ 昨日は日曜日でした。
≫ 明日は火曜日です。

1) 今日は金曜日です。

≫

≫

2) 今日は火曜日です。

≫

≫

3) 今日は４月14日です。

≫

≫

4) 今日は9月10日です。

≫

≫

5) 今週の土曜日は休みです。

≫

≫

6) 今週の月曜日は休みです。

➤➤

➤➤

7) 今月は5月です。

➤➤

➤➤

8) 今月は9月です。

➤➤

➤➤

9) 今年は1996年です。

➤➤

➤➤

10) 今年は2022年です。

➤➤

➤➤

연습문제 I

※ 다음 글을 일본어로 옮기세요.

1) 올해는 몇 년도입니까?

➤➤

2) 오늘은 몇 월 며칠입니까?

➤➤

3) 내일은 9월 20일입니다.

➤➤

4) 내 생일은 다음 주 월요일입니다.

➤➤

5) 겨울방학(冬休(ふゆやす)み)은 다음 달부터입니다.

➤➤

새로나온단어

- 冬休み 겨울방학

제 10 과

安(やす)くておいしいです

학습목표

1. い형용사를 익히고 활용한다.

학습포인트

1. とてもおいしいですね。
2. 辛くはありません。
3. 安くておいしいです。

10 安(やす)くておいしいです

金由美	木村さん、 このキムチの味(あじ)はいかがですか。
木村	おいしいですが、少(すこ)し辛(から)いですね。
金由美	日本にもキムチがありますか。
木村	いいえ、日本にはつけものがありますが、 辛くはありません。色(いろ)も白(しろ)いです。
金由美	韓国のキムチと日本のつけものと どちらがおいしいですか。
木村	それはやっぱり韓国のキムチの 方(ほう)が安(やす)くておいしいです。

새 로 나 온 단 어

- キムチ　김치
- 味　맛
- いかがですか　어떻습니까?
- おいしい　맛있다
- ~ですが　~이지만
- 少し　조금
- 辛い　맵다
- ~にも　~에도
- ありますか　있습니까?
- つけもの　일본식 김치
- ありますが　있습니다만
- 色　색
- 辛くはありません　맵지는 않습니다
- 白い　희다
- やっぱり　역시
- 方　쪽, 방향
- 安くて　싸고

핵심 문법과 문형

① い형용사

원형　　～い　おいしい　甘(あま)い　やさしい

정중형　　～い　⇒　～いです。

- ラーメンはおいしいです。 라면은 맛있습니다.
- ケーキは甘いです。 케이크는 달콤합니다.
- 日本語は易しいです。 일본어는 쉽습니다.

명사수식　　～い　⇒　～い　+ 명사

- おいしいラーメンです。 맛있는 라면입니다.
- 甘いケーキです。 달콤한 케이크입니다.
- やさしい日本語です。 쉬운 일본어입니다.

부정형　　～い　⇒　～くありません。　～くないです。

- ラーメンはおいしくありません。 라면은 맛있지 않습니다.
- ラーメンはおいしくないです。 라면은 맛있지 않습니다.
- ケーキは甘くありません。 케이크는 달지 않습니다.
- ケーキは甘くないです。 케이크는 달지 않습니다.
- 日本語はやさしくありません。 일본어는 쉽지 않습니다.
- 日本語はやさしくないです。 일본어는 쉽지 않습니다.

연결형(접속형)　　～い　⇒　～くて

- ラーメンはおいしくて安いです。 라면은 맛있고 쌉니다.
- ケーキは甘くてやわらかいです。 케이크는 달고 부드럽습니다.
- 日本語はやさしくて面白いです。 일본어는 쉽고 재미있습니다.

② ～が、 ～만, ～이지만, ～하지만

- 小(ちい)さいですが、重(おも)いですね。 작지만 무겁군요!
- 安いですが、おいしいですね。 싸지만 맛있군요!
- 本はありますが、ノートはありません。 책은 있지만 노트는 없습니다!

③ ～と～とどちらが～ですか。 ～와 ～ 어느 쪽이 ～입니까?

- ラーメンとやきそばとどちらが安いですか。
  라면과 야키소바 어느 쪽이 쌉니까?
- 日本と韓国とどちらが寒(さむ)いですか。 일본과 한국 어느 쪽이 춥습니까?

④ ～はいかがですか。 ～는 어떤지요?(어떨까요?)

- ラーメンはいかがですか。 라면은 어떤지요?
- コーヒーはいかがですか。 커피는 어떤지요?
- お茶はいかがですか。 차는 어떤지요?

새 로 나 온 단 어

- やさしい　쉽다
- 小さい　작다
- 軽い　가볍다
- 今回　이번, 금번
- 甘い　달다
- 重い　무겁다
- 寒い　춥다
- 最後　마지막, 최후
- 面白い　재미있다
- 大きい　크다
- よかったです　좋았습니다
- 後　뒤, 다음

い형용사 모음

黒(くろ)い	검다	白(しろ)い	희다
赤(あか)い	빨갛다	青(あお)い	파랗다
暑(あつ)い	덥다	寒(さむ)い	춥다
熱(あつ)い	뜨겁다	冷(つめ)たい	차다
厚(あつ)い	두껍다, 두텁다	薄(うす)い	얇다
暖(あたた)かい	따뜻하다	涼(すず)しい	서늘하다
温(あたた)かい	따뜻하다	冷(つめ)たい	차다
優(やさ)しい	다정하다	冷(つめ)たい	냉정하다
易(やさ)しい	쉽다	難(むずか)しい	어렵다
多(おお)い	많다	少(すくな)い	적다
高(たか)い	비싸다	安(やす)い	싸다
高(たか)い	높다	低(ひく)い	낮다
大(おお)きい	크다	小(ちい)さい	작다
長(なが)い	길다	短(みじか)い	짧다
深(ふか)い	깊다	浅(あさ)い	얕다
早(はや)い	이르다	遅(おそ)い	늦다
速(はや)い	빠르다	遅(おそ)い	느리다
強(つよ)い	강하다	弱(よわ)い	약하다
狭(せま)い	좁다	広(ひろ)い	넓다
太(ふと)い	굵다	細(ほそ)い	가늘다
重(おも)い	무겁다	軽(かる)い	가볍다

新(あたら)しい	새롭다	古(ふる)い	낡다
いい・よい	좋다	悪(わる)い	나쁘다
おもしろい	재미있다	つまらない	시시하다
固(かた)い	딱딱하다	柔(やわ)らかい	부드럽다
明(あか)るい	밝다	暗(くら)い	어둡다
近(ちか)い	가깝다	遠(とお)い	멀다
かわいい	귀엽다	にくい	밉다
かっこういい	멋있다	みともない	보기 흉하다
おとなしい	얌전하다	たくましい	씩씩하다
鋭(するど)い	예리하다	鈍(にぶ)い	둔하다
臭(くさ)い	고약한 냄새가 나다	うさんくさい	수상쩍다
嬉(うれ)しい	기쁘다	悲(かな)しい	슬프다
おかしい	이상하다	危(あぶ)ない	위험하다
美(うつく)しい	아름답다	そそっかしい	경솔하다
すごい	굉장하다	すばらしい	멋있다
偉(えら)い	위대하다, 훌륭하다	卑(いや)しい	천하다, 야비하다
みずみずしい	싱싱하다	汚(きたな)い	더럽다, 치사하다
すがすがしい	신선하다(공기)	息苦(いきくる)しい	답답하다
うるさい	시끄럽다	やかましい	소란스럽다
詳(くわ)しい	상세하다	細(こま)かい	잘다, 자세하다
恐(こわ)い	무섭다	珍(めずら)しい	드물다, 진귀하다

楽(たの)しい	즐겁다	正(ただ)しい	옳다, 바르다
痛(いた)い	아프다	寂(さび)しい	외롭다, 쓸쓸하다
若(わか)い	젊다	忙(いそが)しい	바쁘다
ややこしい	까다롭다	なつかしい	그립다
丸(まる)い	둥글다	四角(しかく)い	네모나다
美味(おい)しい うまい	맛있다	まずい	맛없다
甘(あま)い	달다	苦(にが)い	쓰다
辛(から)い	맵다	苦(くる)しい	힘들다
しょっぱい	짜다	渋(しぶ)い	떫다
甘辛(あまから)い	달콤 짭짤하다	塩辛(しおから)い	짭짤하다
酸(す)っぱい	시다		

문장연습

예문 日本語 / やさしい / 面白い

>> 日本語はやさしいです。

>> 日本語はやさしくありません。

>> 日本語はやさしくておもしろいです。

1) ラーメン / 辛(から)い / 安(やす)い

>>

>>

>>

2) この店(みせ) / 新(あたら)しい / 広(ひろ)い

>>

>>

>>

3) たこ焼(や)き / 安(やす)い / おいしい

➤➤

➤➤

➤➤

4) コーヒー / 甘(あま)い / あたたかい

➤➤

➤➤

➤➤

5) 彼女(かのじょ) / 優(やさ)しい / 美(うつく)しい

➤➤

➤➤

➤➤

새로나온단어

- 新しい 새롭다
- あたたかい 따뜻하다
- 美しい 아름답다
- 広い 넓다
- 彼女 그녀(여자친구)
- たこ焼き 타코야키(문어빵)
- 優しい 친절하다, 상냥하다

연습문제 I

※ 다음 글을 일본어로 옮기세요.

1) 겨울(冬)은 춥지만 봄(春)은 따뜻합니다.

➤➤

2) 아이스크림(アイスクリーム)은 달고 맛있습니다.

➤➤

3) 일본어와 영어(英語) 어느 쪽이 쉽습니까?

➤➤

4) 드라마(ドラマ)와 영화(映画) 어느 쪽이 재미있습니까?

➤➤

5) 일요일에 맥주는 어떤지요?

➤➤

새로나온단어

- 冬 겨울
- 春 봄
- 英語 영어
- ドラマ 드라마
- 映画 영화

제 11 과

おいしかったです

학습목표

1. い형용사를 익히고 활용한다.

학습포인트

1. すごくおいしかったです。
2. やさしくありませんでした。
3. やさしくてよかったです。

11 おいしかったです

金由美	木村さん、 昨日(きのう)のカルビの味はいかがでしたか。
木村	あ、昨日のカルビは少し甘(あま)みで、 すごくおいしかったです。 最高(さいこう)でした。
金由美	木村さんはうどんとそばとラーメンの中で どれが一番(いちばん)おいしいですか。
木村	ラーメンが一番おいしいです。 韓国のラーメンもやや辛みでよかったです。

새로나온단어

- カルビ　갈비
- すごく　굉장히, 무척
- うどん　우동
- **一番**　제일
- よかったです　좋았습니다.
- **甘み**　단맛
- おいしかったです　맛있었습니다.
- そば　메밀국수
- やや　약간
- ~で　~이고
- **最高**　최고
- ラーメン　라면
- **辛み**　매운맛

핵심 문법과 문형

① い형용사

과거형　～い　⇒　～かった。
～かったです。

- ラーメンはおいしかった。 라면은 맛있었다.
- ケーキは甘かったです。 케이크는 달콤했습니다.
- 日本語はやさしかったです。 일본어는 쉬웠습니다.

과거부정형　～い　⇒　～くなかった。
～くなかったです。
～くありませんでした。

- ラーメンはおいしくなかった。 라면은 맛없었다.
- ケーキは甘くなかったです。 케이크는 달지 않았습니다.
- 日本語はやさしくありませんでした。 일본어는 쉽지 않았습니다.

예외활용형　いい(좋다)는 어화가 필요한 경우에는 같은 뜻의 단어인 よい를 사용해서 변화시켜야 한다.

いい　⇒　よくない。(부정형)
よくないです。
よくありません。
⇒　よかった。(과거형)
よかったです。
⇒　よくて (연결형, 접속형)

- ラーメンは体(からだ)にいい。 라면은 몸에 좋다.
- ケーキは体によくないです。 케이크는 몸에 좋지 않습니다.
- 日本語のテストはやさしくてよかったです。
  일본어 시험은 쉬워서 좋았습니다.
- 金さんは頭(あたま)がよくて、いつも成績(せいせき)がいいです。
  김 상은 머리가 좋아 언제나 성적이 좋습니다.

②~でもいかがでしょう。~라도 어떤지요?(어떨까요?)

- ラーメンでもいかがでしょう。 라면이라도 어떤지요?
- コーヒーでもいかがでしょう。 커피라도 어떤지요?
- お茶でも一杯(いっぱい)いかがでしょう。 차라도 한잔 어떤지요?

③~はいかがでしたか。~는 어떠했는지요?(어땠어요?)

- ラーメンはいかがでしたか。 라면는 어떠했는지요?
- コーヒーはいかがでしたか。 커피는 어떠했는지요?
- お茶はいかがでしたか。 차는 어떠했는지요?

새로나온단어

- 体 몸
- テスト 시험
- 頭 머리
- 成績 성적

④ ～で、 ～이어서(원인)

- 少し(すこし)辛み(から)で、よかったです。 조금 매콤해서 좋았습니다.
- 明日は休みで、会社(かいしゃ)には行き(い)ません。 내일은 휴가여서 회사에는 가지 않습니다.
- 今回(こんかい)が最後(さいご)で、後(あと)はありません。 이번이 마지막으로 다음은 없습니다.

⑤ ～の中で ～が一番 ～ですか。～중에 ～가 제일 ～입니까?

- ラーメンとそばとうどんの中でどちらが一番安いですか。
  라면과 소바와 우동 중에 어느 쪽이 제일 쌉니까?
- 日本と韓国と中国の中でどちらが一番広(ひろ)いですか。
  일본과 한국과 중국 중에 어느 쪽이 제일 넓습니까?
- 家族(かぞく)の中でだれが一番背(せ)が高(たか)いですか。
  가족 중에 누가 제일 큽니까?
- 飛行機(ひこうき)と電車(でんしゃ)と船(ふね)の中でどれが一番速(はや)いですか。
  비행기와 전차와 선박 중에 어느 것이 제일 빠릅니까?

새로 나온 단어

- **今回** 이번
- **広い** 넓다
- **飛行機** 비행기
- **最後** 최후, 마지막
- **家族** 가족
- **電車** 전차
- **後** 뒤
- **背が高い** 키가 크다
- **船** 배, 선박

문장연습

예문 日本語 / やさしい

>> 日本語はやさしかったです。

>> 日本語はやさしくなかったです。

>> 日本語はやさしくありませんでした。

1) ラーメン / 辛(から)い

>>

>>

>>

2) この店(みせ) / 広(ひろ)い

>>

>>

>>

3) たこ焼(や)き / 安(やす)い

>>

>>

>>

예문 妹(いもうと) / 成績(せいせき) / いい

➤➤ 妹は成績がいいです。

➤➤ 妹は成績がよくありません。

➤➤ 妹は成績がよかったです。

1) 弟(おとうと) / 頭(あたま) / いい

➤➤

➤➤

➤➤

2) 彼女(かのじょ) / スタイル / いい

➤➤

➤➤

➤➤

새로나온단어

- 妹 여동생
- 弟 남동생
- スタイル 스타

연습문제 I

※ 다음 글을 일본어로 옮기세요.

1) 어제의 영화는 재미있었다.

➤➤

2) 어제의 영화는 재미없었다.

➤➤

3) 전차(電車(でんしゃ))는 빨라서 좋았습니다.

➤➤

4) 토요일에는 맥주라도 어떤지요?

➤➤

5) 야구(野球(やきゅう))와 축구(サッカー)와 골프(ゴルフ) 중에 어느 쪽이 제일 재미있습니까?

➤➤

새로나온단어

- 野球 야구
- サッカー 축구
- ゴルフ 골프

제 12 과

静(しず)かできれいな店(みせ)です

학습목표

1. な형용사를 익히고 활용한다.

학습포인트

1. 私はラーメンが好きです。
2. あまり上手ではありません。
3. ここは静かできれいですね。

12 静(しず)かできれいな店(みせ)です

木村　金さんはラーメンがお好(す)きですか。

金由美　はい、好きです。
特(とく)に味噌(みそ)ラーメンが大好(だいす)きです。

木村　それでは、今日のお昼(ひる)は
ラーメンでいかがでしょう。

金由美　いいですね。

木村　ここはとても静(しず)かできれいな店(みせ)でしょう。
ラーメンの他(ほか)にはどんな食(た)べ物(もの)が好きですか。

金由美　お好(この)み焼(や)きや牛丼(ぎゅうどん)なんかもいいですけど、
やっぱりお寿司(すし)やすきやきの方(ほう)が何よりです。

木村　金さんは料理(りょうり)も上手(じょうず)ですか。

金由美　いいえ、料理はあまり上手ではありません。

새 로 나 온 단 어

- お好きですか　좋아하십니까?
- 大好きです　매우 좋아합니다
- いい　좋다
- 食べ物　음식
- なんか　따위
- お寿司　초밥
- ~より　~보다
- 上手ではありません　능숙하지 않습니다
- 特に　특히
- それでは　그렇다면
- 静かで　조용하고
- お好み焼き　일본식 부침개
- ~ですけど　~입니다만
- すきやき　전골요리
- 上手　능숙하다, 잘하다
- 味噌　된장
- お昼　점심
- きれいな　깨끗한
- 牛丼　소고기덮밥
- やっぱり　역시
- 何　무엇
- あまり　그다지

핵심 문법과 문형

① な형용사

원형　～だ　親切(しんせつ)だ　有名(ゆうめい)だ　暇(ひま)だ

정중형　～だ ⇒ ～です。

- あの人(ひと)は親切です。 저 사람은 친절합니다.
- あの店は韓国でいちばん有名です。 저 가게는 한국에서 제일 유명합니다.
- 日曜日は暇です。 일요일은 한가합니다.

명사수식　～だ ⇒ ～な ＋ 명사

- 親切な人です。 친절한 사람입니다.
- 韓国でいちばん有名な店です。
  한국에서 제일 유명한 가게입니다.
- 暇な日曜日です。 한가한 일요일입니다.

부정형　～だ ⇒ ～ではありません。

- あの人は親切ではありません。 저 사람은 친절하지 않습니다.
- あの店は韓国でいちばん有名ではありません。
  저 가게는 한국에서 제일 유명하지 않습니다.
- 日曜日は暇ではありません。 일요일은 한가하지 않습니다.

연결형　～だ ⇒ ～で

- あの人は親切で真面目(まじめ)です。 저 사람은 친절하고 성실합니다.
- あの人はとてもきれいで有名です。 저 사람은 무척 예쁘고 유명합니다.
- 日曜日は暇で退屈(たいくつ)です。 일요일은 한가하고 지루합니다.

② ～が好きだ。～을/를 좋아하다

- 私は刺身(さしみ)が好きです。 나는 생선회를 좋아합니다.
- 金さんは日本料理がが好きです。김상은 일본요리를 좋아합니다.
- 木村さんはサッカーがが好きです。 기무라 상은 축구를 좋아합니다.
- 妹はコーヒーが好きです。 여동생은 커피를 좋아합니다.
- 弟はマンガが好きです。 남동생은 만화를 좋아합니다.

③ ～もいいですけど、～도 좋지만

- コーヒーもいいですけど、커피도 좋지만,
- 中華料理(ちゅうかりょうり)もいいですけど、중화요리도 좋지만,
- 野球(やきゅう)もいいですけど、야구도 좋지만,
- ゲームもいいですけど、게임도 좋지만,
- ビールもいいですけど、맥주도 좋지만,

④ やっぱり ~の方が何よりです。 역시 ~쪽을 (무엇보다)제일 좋아합니다.

- やっぱりコーラの方が何よりです。 역시 콜라가 제일입니다.
- やっぱり日本料理(にほんりょうり)の方が何よりです。 역시 일본요리를 제일 좋아합니다.
- やっぱりサッカーの方が何よりです。 역시 축구가 최고입니다.
- やっぱり休みの方が何よりです。 역시 쉬는 쪽이 무엇보다 중요합니다.
- やっぱり面接(めんせつ)の方が何よりです。 역시 면접이 무엇보다 중요합니다.

새로나온단어

- **親切**だ 친절하다
- きれいだ 예쁘다
- サッカー 축구
- **野球** 야구
- **有名**だ 유명하다
- **退屈**だ 지루하다
- マンガ 만화
- ゲーム 게임
- **暇**だ 한가하다
- **刺身** 생선회
- **中華料理** 중화요리
- **面接** 면접

な형용사 모음

豊(ゆた)かだ	윤택하다	貧乏(びんぼう)だ	가난하다
上手(じょうず)だ	능숙하다	下手(へた)だ	서툴다
得意(とくい)だ	잘하다	苦手(にがて)だ	서툴다
便利(べんり)だ	편리하다	不便(ふべん)だ	불편하다
大変(たいへん)だ	큰일이다	平気(へいき)だ	태연하다
にぎやかだ	번화하다	静(しず)かだ	조용하다
親切(しんせつ)だ	친절하다	不親切(ふしんせつ)だ	불친절하다
好(す)きだ	좋아하다	嫌(きら)いだ	싫어하다
上品(じょうひん)だ	고상하다	下品(げひん)だ	품위가 없다
大丈夫(だいじょうぶ)だ	괜찮다	無理(むり)だ	무리하다
大事(だいじ)だ	중요하다	無駄(むだ)だ	쓸데없다
真面目(まじめ)だ	성실하다	勝手(かって)だ	제멋대로다
結構(けっこう)だ	좋다, 허락하다	残念(ざんねん)だ	유감이다, 아쉽다
元気(げんき)だ	건강하다	丈夫(じょうぶ)だ	튼튼하다
貴重(きちょう)だ	귀중하다	大切(たいせつ)だ	소중하다
立派(りっぱ)だ	훌륭하다	見事(みごと)だ	훌륭하다
奇麗(きれい)だ	아름답다	素敵(すてき)だ	멋지다

華(はな)やかだ	화려하다	派手(はで)だ	화려하다
有名(ゆうめい)だ	유명하다	平和(へいわ)だ	평화롭다
駄目(だめ)だ	안 된다, 소용없다	不思議(ふしぎ)だ	이상하다
面倒(めんどう)だ	귀찮다	厄介(やっかい)だ	귀찮다, 까다롭다
簡単(かんたん)だ	간단하다	新鮮(しんせん)だ	신선하다
退屈(たいくつ)だ	지루하다	夢中(むちゅう)だ	몰두하다
色色(いろいろ)だ	여러 가지다	同(おな)じだ	같다
暇(ひま)だ	한가하다	無事(ぶじ)だ	무사하다

문장연습

예문 スマホ / 便利(べんり)だ / 簡単(かんたん)だ

>> スマホは便利です。

>> スマホは便利ではありません。

>> スマホは便利で簡単です。

1) 木村さん / 元気(げんき)だ / すてきだ

>>

>>

>>

2) ソウル / にぎやかだ / 豊(ゆた)かだ

>>

>>

>>

3) 彼女(かのじょ) / きれいだ / 親切(しんせつ)だ

➤➤

➤➤

➤➤

4) 朝(あさ) / 静(しず)かだ / 新鮮(しんせん)だ

➤➤

➤➤

➤➤

5) 弟 / まじめだ / 有名(ゆうめい)だ

➤➤

➤➤

➤➤

새로나온단어

- **便利**だ 편리하다
- **元気**だ 건강하다
- **豊**かだ 윤택하다
- **有名**だ 유명하다
- **簡単**だ 간단하다
- すてきだ 멋있다
- **新鮮**だ 신선하다
- スマホ 스마트폰
- にぎやかだ 번화하다
- まじめだ 성실하다

제 13 과

いらっしゃいませ

학습목표

1. 식당 접객 일본어를 익힌다.

학습포인트

1. 何名様ですか。
2. ご注文はお決まりでしょうか。
3. 以上で、よろしいでしょうか。

13 いらっしゃいませ

ウェイトレス　いらっしゃいませ。何名様(なんめいさま)ですか。

木村　二人(ふたり)です。

ウェイトレス　二名様(にめいさま)ですね。ご案内(あんない)いたします。

お客様(きゃくさま)！ こちらへ どうぞ。

ウェイトレス　ご注文(ちゅうもん)はお決(き)まりでしょうか。

木村　ええ。ランチセットをください。

金由美　わたしはカツカレーをお願(ねが)いします。

ウェイトレス　はい。ランチセットとカツカレーですね。

以上(いじょう)で、よろしいでしょうか。

かしこまりました。

少少(しょうしょう)お待(ま)ちください。

ウェイトレス　お待たせいたしました。
ランチセットとカツカレーでございます。
どうぞ、ごゆっくり。

새로나온단어

- いらっしゃいませ　어서오세요
- **二人**　두 사람
- **二名様**　두 분
- こちらへ どうぞ。 이쪽으로 앉으세요
- ランチセット　런치세트
- お**願**いします　부탁합니다
- よろしいでしょうか　좋습니까?
- **少**々お**待**ちください　잠시 기다려 주십시오
- ~でございます　~입니다
- **何名様**ですか　몇 분이십니까?
- ご**案内**いたします　안내해 드리겠습니다
- お**客様**! 손님
- ご**注文**はお**決**まりでしょうか　주문하시겠습니까?
- カツカレー　카츠카레
- **以上**で　이상으로
- かしこまりました　잘 알겠습니다
- お**待**たせいたしました　오래 기다리셨습니다
- どうぞ､ごゆっくり　좋은 시간되세요

핵심 문법과 문형

① 人数(にんすう) 인원수

	~にん 사람/명				~名様 분	
1	一人	ひとり	一名	いちめい	一名様	いちめいさま
2	二人	ふたり	二名	にめい	二名様	にめいさま
3	三人	さんにん	三名	さんめい	三名様	さんめいさま
4	四人	よにん	四名	よんめい	四名様	よんめいさま
5	五人	ごにん	五名	ごめい	五名様	ごめいさま
6	六人	ろくにん	六名	ろくめい	六名様	ろくめいさま
7	七人	しちにん	七名	しちめい	七名様	しちめいさま
8	八人	はちにん	八名	はちめい	八名様	はちめいさま
9	九人	きゅうにん	九名	きゅうめい	九名様	きゅうめいさま
10	十人	じゅうにん	十名	じゅうめい	十名様	じゅうめいさま
몇	何人	なんにん	何名	なんめい	何名様	なんめいさま

- 一名様 ＝ お一人様(ひとりさま) 二名様 ＝ お二人様(ふたりさま) 라고도 함.

② お/ご + 名詞 명사의 경어

- 和語(わご)(일본 고유어 앞) お部屋(へや) お食事(しょくじ) お飲(の)み物(もの) お水(みず) お名前(なまえ)
  お酒(さけ) お席(せき)
- 漢語(かんご)(한자어 앞) ご連絡(れんらく) ご出発(しゅっぱつ) ご署名(しょめい) ご注意(ちゅうい) ご記入(きにゅう)
  ご案内(あんない) ご座席(ざせき)

예외) お料理(りょうり) お時間(じかん) お電話(でんわ) 등

③ お/ご ~いたします。~해 드리겠습니다.

- お願いいたします。 부탁드리겠습니다.
- お持(も)ちいたします。 가져다드리겠습니다.
- お下(さ)げいたします。 치워 드리겠습니다.
- お待(ま)たせいたしました。 오래 기다리셨습니다.

④ ~でよろしでしょうか。 ~으로 좋으십니까?

- お飲(の)み物(もの)はコーヒーでよろしでしょうか。 음료는 커피로 좋겠습니까?
- 禁煙席(きんえんせき)でよろしでしょうか。 금연석으로 좋겠습니까?
- こちらでよろしでしょうか。 이쪽으로(이 자리로) 좋겠습니까?

⑤ お/ご ~ください。 ~해 주십시오.

- お呼(よ)びください。 불러 주십시오.
- お待(ま)ちください。 기다려 주십시오.
- お座(すわ)りください。 앉아 주십시오.
- ご利用(りよう)ください。 이용해 주십시오.
- ご確認(かくにん)ください。 확인해 주십시오.

⑥ ~でございます。~입니다. (~です의 정중형)

- お食事(しょくじ)でございます。 (주문하신) 식사입니다.
- ご注文(ちゅうもん)の生(なま)ビールでございます。 주문하신 생맥주입니다.
- こちらは禁煙席(きんえんせき)でございます。 이쪽은 금연석입니다.
- エレベータはあちらでございます。 엘리베이터는 저쪽입니다.
- オープンは午前(ごぜん)10時でございます。 오픈은 오전 10시입니다.
- ランチセットは850円でございます。 런치세트는 850엔입니다.

새로나온단어

- お部屋 방
- お酒 술
- ご出発 출발
- ご記入 기입
- 生ビール 생맥주
- お食事 식사
- お席 자리
- ご署名 서명
- ご座席 좌석
- 禁煙席 금연석
- お名前 성함
- ご連絡 연락
- ご注意 주의
- お電話 전화

문장연습

예문 コーヒー

➤➤ コーヒーでございます。

➤➤ コーヒーでよろしいでしょうか。

1) 瓶(びん)ビール

➤➤

➤➤

2) レモンティ

➤➤

➤➤

3) 赤(あか)ワイン

➤➤

➤➤

4) パスタ

➤➤

➤➤

새로나온단어

- 瓶ビール 병맥주
- レモンティ 레몬차
- 赤ワイン 레드와인
- パスタ 파스타

제 14 과

デザートは何になさいますか

학습목표

1. 식당 접객 일본어를 익힌다.

학습포인트

1. お下げしてよろしいでしょうか。
2. デザートは 何になさいますか。
3. お会計はご一緒でよろしいでしょうか。

14 デザートは何になさいますか

ウェイトレス　失礼(しつれい)します。

お飲み物のおかわりはいかがですか。

木村　けっこうです。

ウェイトレス　お下(さ)げしてよろしいでしょうか。

木村　はい、どうぞ。

ウェイトレス　デザートは何になさいますか。

金由美　何がありますか。

ウェイトレス　アイスクリムとコーヒー、

それから果物(くだもの)などがございます。

金由美　アイスクリムにします。

ウェイトレス　かしこまりました。

少々お待(ま)ちください。

ウェイトレス　お会計(かいけい)はご一緒(いっしょ)でよろしいでしょうか。

金由美　いいえ、別々(べつべつ)でお願いします。

ウェイトレス　はい、こちら領収証(りょうしゅうしょう)でございます。
ありがとうございました。

새로나온단어

- おかわり　리필
- けっこうです　괜찮습니다
- デザート　디저트
- お下げしてよろしいでしょうか　치워드려도 될까요
- **果物**　과일
- ~になさいますか　~으로 하시겠습니까
- ~にします　~으로 하겠습니다
- **お会計**　계산
- **ご一緒**　함께
- **別々で**　따로따로
- **領収証**　영수증

핵심 문법과 문형

① ～になさいますか。 ～으로 하시겠습니까?

- デザートは何になさいますか。 디저트는 무엇으로 하시겠습니까?
- お飲み物は何になさいますか。 음료는 무엇으로 하시겠습니까?
- コーヒーと紅茶(こうちゃ)どちらになさいますか。 커피와 홍차 어느 쪽으로 하시겠습니까?

② ～にします。 ～으로 하겠습니다.

- アイスクリムにします。 아이스크림으로 하겠습니다.
- Aセットにします。 A세트로 하겠습니다.
- 果物にします。 과일로 하겠습니다.

③ ～(を)でお願いします。 ～(을)으로 부탁합니다. ～을/를 주세요.

- アイスクリムをお願いします。 아이스크림 부탁합니다.
- Aセットをお願いします。 A세트 부탁합니다.
- 果物をお願いします。 과일로 주세요.
- 別々でお願いします。 따로따로 (계산)부탁합니다.
- 一緒でお願いします。 함께 (계산)부탁합니다.

문장연습

예문 お肉(にく) / お魚(さかな)

>> ＿お肉＿と＿お魚＿どちらになさいますか。

>> ＿肉＿をお願いします。

>> ＿魚＿をください。

>> ＿魚＿にします。

1) Aセット / Bセット

>> ＿＿＿＿＿と＿＿＿＿＿どちらになさいますか。

>> ＿＿＿＿＿をお願いします。

>> ＿＿＿＿＿をください。

>> ＿＿＿＿＿にします。

2) キリン / 朝日(あさひ)

>> ＿＿＿＿＿と＿＿＿＿＿どちらになさいますか。

>> ＿＿＿＿＿をお願いします。

>> ＿＿＿＿＿をください。

>> ＿＿＿＿＿にします。

3) パン / ケーキ

>> ＿＿＿＿＿ と＿＿＿＿＿＿どちらになさいますか。

>> ＿＿＿＿＿ をお願いします。

>> ＿＿＿＿＿ をください。

>> ＿＿＿＿＿ にします。

4) チキン / ステーキ

>> ＿＿＿＿＿ と＿＿＿＿＿＿どちらになさいますか。

>> ＿＿＿＿＿ をお願いします。

>> ＿＿＿＿＿ をください。

>> ＿＿＿＿＿ にします。

5) オレンジ / アップル

>> ＿＿＿＿＿ と＿＿＿＿＿＿どちらになさいますか。

>> ＿＿＿＿＿ をお願いします。

>> ＿＿＿＿＿ をください。

>> ＿＿＿＿＿ にします。

새로나온단어

- お肉　고기
- お魚　생선
- キリン　기린(맥주브랜드)
- 朝日　아사히(맥주브랜드)
- チキン　치킨
- ステーキ　스테이크
- オレンジ　오렌지
- アップル　애플

제 15 과

一緒(いっしょ)に遊(あそ)びませんか

학습목표

1. 동사를 이해하고 활용법을 익힌다.

학습포인트

1. 日曜日はたいてい何をしますか。
2. 本を読んだりします。
3. 聞きながらおいしいものも作ります。
4. 買い物は終わったので帰りましょう。

15 一緒(いっしょ)に遊(あそ)びませんか

木村　　金さん、日曜日はたいてい何をしますか。

金由美　テレビを見(み)たり本(ほん)を読(よ)んだりします。

あるいは、音楽(おんがく)を聞(き)きながらおいしいものも作(つく)ります。

木村　　そうですか。

今度(こんど)の日曜日には

焼(や)きそばでも食(た)べながら一緒に遊(あそ)びませんか。

金由美　それはいいですね。

木村　　一緒に買(か)い物(もの)に行(い)きましょうか。

ここは野菜(やさい)やお肉(にく)など安い食料品(しょくりょうひん)が

いっぱいありますよ。

金由美　人(ひと)が多(おお)くてにぎやかな街(まち)ですね。

木村　金さん、
もう買い物は終(お)わったので帰(か)りましょう。

金由美　今日はちょっと疲(つか)れましたけどとても楽(たの)しい一日(いちにち)でした。

새로나온단어

- たいてい　대개(대체로)
- **見**たり　보기도 하고
- **音楽**　음악
- **今度**　이번
- **買い物**　쇼핑
- いっぱい　가득, 많이
- **街**　거리
- **帰**りましょう　돌아갑시다
- **一日**　하루
- しますか　합니까?
- **読**んだり　읽기도 하고
- **聞**きながら　들으면서
- **食**べながら　먹으면서
- ~に行きましょうか ~하러 갈까요?
- ありますよ　있어요
- **終**わった　끝났다
- **疲**れました　지쳤습니다
- テレビ　텔레비전
- あるいは　혹은
- **作**ります　만듭니다
- **遊**びませんか 놀지 않겠습니까?
- **食料品**　식료품
- にぎやかな　번화한
- ~ので　~이기에
- **楽**しい　즐겁다

핵심 문법과 문형

① 一緒に遊びませんか。 함께 놀지 않겠습니까?

- 一緒に食(た)べませんか。 함께 먹지 않겠습니까?
- 一緒に飲(の)みませんか。 함께 마시지 않겠습니까?
- 一緒に行(い)きませんか。 함께 가지 않겠습니까?

② 買い物に行きましょうか。 쇼핑하러 갈까요?

- ご飯(はん)に行きましょうか。 밥 먹으러 갈까요?
- コーヒーでも飲みに行きましょうか。 커피라도 마시러 갈까요?
- 映画(えいが)を見(み)に行きましょうか。 영화를 보러 갈까요?

③ ～よ。 ～이에요(～어요)! (강조, 강요)

- いっぱいありますよ。 많이 있어요!
- 金さんも行きますよ。 김 선생님도 가요!
- とてもおいしいですよ。 무척 맛있어요!
- 小説(しょうせつ)は面白(おもしろ)いですよ。 소설은 재미있어요!

④ 동사유형

■ 1그룹 동사(5단 동사)

- 동사 기본형 어미가 う단으로 끝나는 동사
- 동사 기본형 어미가 る로 끝나지만, る 앞에 い단이나 え단이 오지 않는다.
- 정중형 ~ます(~입니다)형으로 변형 시, 어미를 い단으로 바꾸고 ます를 붙인다.

- 買(か)う(사다) ⟶ 買います(삽니다)
- 行(い)く(가다) ⟶ 行きます(갑니다)
- 待(ま)つ(기다리다) ⟶ 待ちます(기다립니다)
- 呼(よ)ぶ(부르다) ⟶ 呼びます(부릅니다)
- 話(はな)す(말하다) ⟶ 話します(말합니다)
- 飲(の)む(마시다) ⟶ 飲みます(마십니다)
- 急(いそ)ぐ(서두르다) ⟶ 急ぎます(서두릅니다)
- 乗(の)る(타다) ⟶ 乗ります(탑니다)

■ 예외 1그룹 동사

- 2그룹 동사에 해당되지만 ます(입니다)형으로 변형 시 1그룹 동사 공식을 따른다.

- 帰(かえ)る(돌아가다) ⟶ 帰ります(돌아갑니다)
- 切(き)る(자르다) ⟶ 切ります(자릅니다)
- 知(し)る(알다) ⟶ 知ります(압니다)
- 要(い)る(필요하다) ⟶ 要ります(필요합니다)
- 入(はい)る(들어가다) ⟶ 入ります(들어갑니다)
- 走(はし)る(달리다) ⟶ 走ります(달립니다)

■ 2그룹 동사(상 1단, 하 1단 동사)

- 동사 기본형 어미가 る로 끝나는 동사
- 동사 기본형 어미가 る로 끝나고 る 앞에 い단이나 え단이 온다.
- 정중형 ~ます(~입니다)형으로 변형 시, 기본형 어미 る를 지우고 ます를 붙인다.

- 食(た)べる(먹다) → 食べます(먹습니다)
- 起(お)きる(일어나다) → 起きます(일어납니다)
- 寝(ね)る(자다) → 寝ます(잡니다)
- 見(み)る(보다) → 見ます(봅니다)

■ 3그룹 동사(변격동사)

- 불규칙 동사로, 아래 2가지뿐이다. 정중형 ~ます(~입니다)형으로 변형 시, 모두 변형한다.

- する(하다) → します(합니다)
- 来(く)る(오다) → 来(き)ます(옵니다)

문장연습

★ ます형의 활용(～に行く, ～하러 가다)

- 図書館へ勉強をしに行きます。
- 映画館へ映画を見に行きます。
- 居酒屋へお酒をのみに行きます。
- 大阪へ彼女を会いに行きます。
- 喫茶店へ休みに行きます。
- 本屋へ本を買いに行きます。
- 野球場へホームランを打ちに行きます。
- パチンコ屋へ遊びに行きます。

★ ～ながら, ～하면서

- コーヒーを飲みながら新聞を読みます。
- テレビを見ながららくだものをたべます。
- 音楽を聞きながら歩きます。
- 電話をしながら運転します。
- ご飯を食べながら本を読みます。
- 書きながら覚えます。
- 教えながら習います。

★ ~方, ~하는 법

- この漢字読み方を教えてください。
- このゲームの始め方がわかふぃません。
- 電話のかけ方を教えてください。
- あの人の歩き方はおかしい。
- その料理の食べ方はいろいろです。
- お酒飲み方は国によって違う。
- 国によって人の考え方も違う。

★ ~なさい, ~하세요

- 朝早く起きなさい。
- 話を良く聞きなさい。
- 一生懸命勉強しなさい。
- 野菜も食べなさい。
- 学校が終わったら早く帰りなさい。
- 危ないから気をつけなさい。
- 手足をよく洗いなさい。

★ ~すぎる, 너무 ~하다

- 昨日はお酒を飲みすぎました。
- 運動をしすぎるのは反って体に悪いです。
- 食べすぎるのも反って体に悪いです。

- テレビを見すぎますと頭がおかしくなります。
- インターネットゲームをしすぎても頭がおかしくなります。
- そこまでするんですか。 それはやりすぎですよ。

★～たい, ～하고 싶다

- お酒をのみの行きたいですね。
- 誰も母に会いたくなるのは自然です。
- 食べたいものは何でも食べていいです。
- あの映画は前から見たかった映画です。
- 読みたい本をみつけました。
- 運動がしたいなら広いところへいきなさい。
- 休みたいときは前もって言ってください。

★～やすい, ～하기 쉽다 / ～にくい, ～하기 어렵다

- ピンポンは習いやすいですが、テニスは習いにくいです。
- ひらがなほ覚えやすいですが、カタカナは覚えにくいです。
- 人の名前は呼びやすい名前も呼びにくい名前もあります。
- 故障しやすい車があれば、故障しにくい車もある。
- 書きやすい漢字があれば、書きにくい漢字もある。

연습문제 I

- 휴게실에 음악을 들으러 갑니다.
- 사무실에 가방을 가지러 갑니다.
- 사고 싶은 물건이 있으면 사도 좋습니다.
- 가고 싶은 사람은 가도 좋습니다.
- 그렇게 하고 싶으면 해보면 어떻겠어요!
- 전화하면서 운전하는 것은 그만둡시다.
- 노래하면서 요리를 합니다.
- 공원을 걸으면서 이야기하고 있습니다.
- 과식이랑 과음에 주의해 주십시오.
- 너무 많이 자거나 많이 놀지 않게 해주세요.
- 익숙해지기 쉬운 일이 있으면, 익숙해지기 어려운 일도 있습니다.

★동사의 た형(과거, 완료) (~었다, ~한)

1그룹동사	う, つ, る → った む, ぶ, め → んだ く → いた ぐ → いだ す → した	会う → あった 飲む → のんだ 書く → かいた (예외 : 行く → 行った) 急ぐ → いそいだ 話す → はなした
2그룹동사	る(×) + た	見る → 見た 食べる → 食べた
3그룹동사	来る → きた する → した	今日彼は朝早く来た。 私は一生懸命勉強した。

★활용예문(~たことがある, ~한 적이 있다)

- ハワイへ行ったことがあります。
- カラオケで歌を歌ってことがあります。
- まだ一度も納豆を食べたことがありません。
- 富士山に登ったことがありますか。
- 飛行機に乗ったことがありますか。

- 日本の温泉に入ったことがあふぃます。
- しゃぶしゃぶはまだ食べたことがありません。
- 学校まで近いのでたまに自転車で行くことがあります。

  (~하는 경우가 있다.)
- 忙しくて、 朝ご飯を食べないことがあります。

  (~하지 않는 경우가 있다.)

★ ~たほうがいいです, ~하는 편이 좋습니다

- 宿題は早めのしておいた方がいいです。
- 目覚まし時計をかけたほうがいいですよ。
- 日本語がうまくなるためには単語をたくさん
  覚えたほうがいいです。
- 夜遅い時間にはなるべく食べないほうがいいです。
- 手はしばしばに洗ったほうがいいです。
- 手は清潔に維持したほうがいいです。
- 外出時、いつも服を暖かく着たほうがいいです。
- 睡眠は十分にとったほうがいいです。
- 食事はいつもとったほうがいいです。

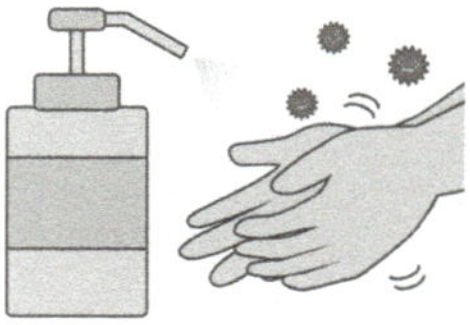

★ ~たばかりです, 막 ~한 참입니다, ~한 지 얼마 되지 않습니다

- 日本に来たばかりのことです。
- 洋服は先月買ったばかりです。
- コーヒーはさっき飲んだばかりです。
- その本なら先週読んだばかりです。
- 木村さんとは合ったばかりです。
- その問題については今先生と相談したばかりです。
- その話は聞いたばかりです。

연습문제 I

- 나는 아직 배를 탄 적이 없습니다.

- 애완동물(ペット)에게는 귀여운 이름을 붙이는 편이 좋습니다.(名前をつける 이름을 붙이다.)

- 그는 미국에 도착한 지 얼마 되지 않습니다.

- 그녀는 입사한 지 얼마 되지 않습니다.

- 토요일에는 만나거나 합니다.

- 점심밥은 먹거나 안 먹거나 합니다.

- 게임에는 지거나 이기거나 합니다.

★ 동사의 て형

1그룹동사	う, つ, る → って む, ぶ, め → んで く → いて ぐ → いで す → して	会う → あって 飲む → のんて 書く → かいて (예외 : 行く → 行って) 急ぐ → いそいで 話す → はなして
2그룹동사	る(×) + て	見る → 見て 食べる → 食べて
3그룹동사	来る → きて する → して	明日は朝早く来てください。 一生懸命勉強してください。

★ 활용예문(~て, ~아, 어, 고, 서, 서도)

- 図書館へ行って勉強をします。(동작의 이행)
- 妹は色をかえて絵を書く。
- 居酒屋でお酒も飲んでたばこも吸いました。(병렬)
- あそこに一人は立って一人は座っている。
- 野球は雨が降ってやめました。(이유, 원인)
- 飲み会が早く終わって残念です。
- バスに乗ってうちへ帰ります。(수단, 방법)
- 魚を焼いて食べる。

- 声を上げて助けを求める。
- 自分の名前を聞いて聞かぬぶりをする。(역접)
- いい年をして派手な服を着たがる。

★ ～てください, ～해 주십시오

- 人の話をよく聞いてください。
- 教室では静かにしてください。
- 時間に会わせて戻ってください。
- 決まった時間よりちょっと早めに来てください。
- そこの椅子に座ってください。
- 危ないから離れてください。
- 一列に並んでください。
- まっすぐ行ってから右へ曲がってください。

★ ～てから, ～한 후에

- 部屋の掃除をしてから買い物に行きます。
- まっすぐ行ってから右へ曲がってください。
- 朝起きて顔を洗ってから新聞を読みます。
- 結婚してから引っ越しをしました。
- 大人になってからたばこを始めました。
- みんな帰ってから一人で掃除しました。
- テレビはご飯を食べてからにしましょう。
- シートベルトをつけてたら出発しましょう。

★ ~てみる, ~해 보다

- 一応会ってみたらどうでしょう。
- 社長に話してみた方がいいですよ。
- 彼女が作った料理を食べたみました。
- 新しく買った靴をはいてみたらちょっと不便です。
- 新しく買った機械を使ってみる。
- 穴の中を覗いてみます。
- 人の話はよく聞いてめることです。
- よく分からないことがあったら先生に聞いてめてください。

★ ~ておく, ~해 두다

- これはありがたくもらっておきます。
- 重要表現を勉強しておいてください。
- 机の上の本はそのままにしておいてください。
- おいしい料理の店を探しておきます。
- 私はメンバーに連絡しておきます。
- もうすぐ食事でしょう。 お皿を並べておきます。
- 宿題は早めにやっておかないと母に叱られるよ。

★ ~てしまう, ~해 버리다

- 弟が私のパンを食べてしまいました。
- 忙しいから早くやってしまいましょう。
- 田中さんは先に行ってしまいました。
- この本を一晩で全部読んでしまいました。
- ようべお酒をたくさん飲んでしまいました。
- 階段で転んで怪我をしてしまいました。
- 彼女に言ってはいけないことを言ってしまいました。
- 電車の中に傘を忘れてしまいました。

★ ~てもいいです, ~해도 좋습니다

- ここでたばこを吸ってもいいですか。
- インターネットで申し込んでもいいです。
- 予約をキャンセルしてもいいです。
- ちょっとケイタイを借りてもいいですか。
- 勉強が終わった遊んでもいいです。
- となりに座ってもいいです。
- 部屋は狭くてもいいです。(い형용사)
- 交通は不便でもいいです。(な형용사)
- 中古車でもいいです。(명사)

★ ~てはいけません, ~해서는 안 됩니다

- ここでたたばこを吸ってはいけません。
- 道路で遊んではいけません。
- ここに車を止めてはいけません。
- 嘘をついてはいけません。
- 遠くまで行ってはいけません。
- 夜遅くまでテレビを見てはいけません。
- お酒を飲みすぎてはいけません。
- 危ないものに近づいてはいけません。

연습문제 I

- 밥을 먹고 나서 목욕을 합니다.

- 저 사람과 이야기 해보았습니다만, 좀 이상했어요.

- 쇼핑(買い物)을 하고 나서는 영수증을 잘 보관해 둡시다.

- 비누를 전부 써버리고 말았습니다.

- 다섯 시가 되면 돌아가도 좋습니다.

- 이제 두 번 다시(もう二度と) 그 사람을 만나서는 안 됩니다.

- 어떤 일이 있어도 뒤를 돌아보아서는 안 됩니다.(後を振り向く 뒤를 돌아보다.)

부록

동사 · 형용사 · 조동사 · 대명사 활용편

동사 · 형용사 · 조동사 · 대명사 활용편

• 동사 활용표 •

종류	원형	미연형	연용형	종지형	연체형	가정형	명령형
五단	あう	わ お	い っ	う	う	え	え
〃	あそぶ	ば ぼ	び ん	ぶ	ぶ	べ	べ
〃	ある	ら ろ	り っ	る	る	れ	れ
〃	あるく	か こ	き い	く	く	け	け
〃	あらう	わ お	い っ	う	う	え	え
〃	いう	わ お	い っ	う	う	え	え
〃	いく	か こ	き い	く	く	け	け
〃	うる	ら ろ	り っ	る	る	れ	れ
〃	おく	か こ	き い	く	く	け	け
〃	おとす	さ そ	し し	す	す	せ	せ
〃	おもう	わ お	い っ	う	う	え	え
〃	おわる	ら ろ	り っ	る	る	れ	れ
〃	かう	わ お	い っ	う	う	え	え

종류	원형	미연형	연용형	종지형	연체형	가정형	명령형
五단	かえる	ら ろ	り っ	る	る	れ	れ
〃	かく	か こ	き い	く	く	け	け
〃	かかる	ら ろ	り っ	る	る	れ	れ
〃	かぶる	ら ろ	り っ	る	る	れ	れ
〃	かる	ら ろ	り っ	る	る	れ	れ
〃	きく	か こ	き い	く	く	け	け
〃	きる	ら ろ	り っ	る	る	れ	れ
〃	さく	か こ	き い	く	く	け	け
〃	さす	さ そ	し し	す	す	せ	せ
〃	そる	ら ろ	り っ	る	る	れ	れ
〃	しる	ら ろ	り っ	る	る	れ	れ
〃	たす	さ そ	し し	す	す	せ	せ
〃	たつ	た と	ち っ	つ	つ	て	て
〃	つかう	わ お	い っ	う	う	え	え

종류	원형	미연형	연용형	종지형	연체형	가정형	명령형
五단	つく	か こ	き い	く	く	け	け
〃	とおる	ら ろ	り っ	る	る	れ	れ
〃	とぶ	ば ぼ	び ん	ぶ	ぶ	べ	べ
〃	とる	ら ろ	り っ	る	る	れ	れ
〃	なおす	ら ろ	し し	す	す	せ	せ
〃	なる	ら ろ	り っ	る	る	れ	れ
〃	ならう	わ お	い っ	う	う	え	え
〃	のこる	ら ろ	り っ	る	る	れ	れ
〃	のむ	ま も	み ん	む	む	め	め
〃	のる	ら ろ	り っ	る	る	れ	れ
〃	はいる	ら ろ	り っ	る	る	れ	れ
〃	はしる	ら ろ	り っ	る	る	れ	れ
〃	はたらく	か こ	き い	く	く	け	け
〃	はなす	さ そ	し し	す	す	せ	せ

종류	원형	미연형	연용형	종지형	연체형	가정형	명령형
五단	はる	ら ろ	り っ	る	る	れ	れ
〃	ふる	ら ろ	り っ	る	る	れ	れ
〃	ひろう	わ お	い っ	う	う	え	え
〃	まちがう	わ お	い っ	う	う	え	え
〃	まつ	た と	ち っ	つ	つ	て	て
〃	みがく	か こ	き い	く	く	け	け
〃	もつ	た と	ち っ	つ	つ	て	て
〃	もらう	わ お	い っ	う	う	え	え
〃	やすむ	ま も	み ん	む	む	め	め
〃	やる	ら ろ	り っ	る	る	れ	れ
〃	よぶ	ば ぼ	び ん	ぶ	ぶ	べ	べ
〃	よむ	ま も	み ん	む	む	め	め
〃	かわる	ら ろ	り っ	る	る	れ	れ
上一	いる	い	い	いる	いる	いれ	いろ (よ)

종류	원형	미연형	연용형	종지형	연체형	가정형	명령형
上一	おきる	き	き	きる	きる	きれ	きろ(よ)
〃	おりる	り	り	りる	りる	りれ	りろ(よ)
〃	できる	き	き	きる	きる	きれ	きろ(よ)
〃	とじる	じ	じ	じる	じる	じれ	じろ(よ)
〃	みる	み	み	みる	みる	みれ	みろ(よ)
下一	あける	け	け	ける	ける	けれ	けろ(よ)
〃	いれる	れ	れ	れる	れる	れれ	れろ(よ)
〃	おしえる	え	え	える	える	えれ	えろ(よ)
〃	おぼえる	え	え	える	える	えれ	えろ(よ)
〃	かぞえる	え	え	える	える	えれ	えろ(よ)
〃	くらべる	べ	べ	べる	べる	べれ	べろ(よ)
〃	こしらえる	え	え	える	える	えれ	えろ(よ)
〃	しめる	め	め	める	める	めれ	めろ(よ)
〃	たずねる	ね	ね	ねる	ねる	ねれ	ねろ(よ)

종류	원형	미연형	연용형	종지형	연체형	가정형	명령형
下一	たべる	べ	べ	べる	べる	べれ	べろ(よ)
〃	つかれる	れ	れ	れる	れる	れれ	れろ(よ)
〃	つづける	け	け	ける	ける	けれ	けろ(よ)
〃	つとめる	め	め	める	める	めれ	めろ(よ)
〃	ねる	ね	ね	ねる	ねる	ねれ	ねろ(よ)
カ변	くる	こ	き	くる	くる	くれ	こい
サ변	する	しせさ	し	する	する	すれ	しろ せよ
중요한 용법		ない·う·よう에 연결	ます·た에 연결	끝맺음	체언에 연결	ば에 연결	끝맺음

• 형용사 활용표 •

원형	미연형	연용형	종지형	연체형	가정형
ほしい	かろ	く かっ	い	い	けれ
うすい	かろ	く かっ	い	い	けれ
중요한 용법	う에 연결	なる·た에 연결	끝맺음	체언에 연결	ば에 연결

[형용사의 종류]

おおきい ちいさい ながい みじかい たかい
ひくい ふとい ほそい あさい ふかい
はやい おそい くらい あかるい とおい
ちかい ひろい せまい あたたかい すずしい
あつい さむい むずかしい いそがしい
やさしい きれい うすい ほしい 등.

• 형용동사 활용표 •

원형	미연형	연용형	종지형	연체형	가정형
きれいだ	だろ	だっ·で·に	だ	な	なら
중요한 용법	う에 연결	た·ある·なる에 연결	끝맺음	체언에 연결	ば에 연결

• 주요 조동사 활용표 •

형	미연형	연용형	종지형	연체형	가정형	명령형	활용형	연결
せる	せ	せ	せる	せる	せれ	せろ(よ)	하 1단	「5단」·「サ변」의 미연형에
させる	させ	させ	させる	させる	させれ	させろ(よ)	〃	「5단」·「サ변」 외의 미연형에
そうだ	そうだろ	そうだっ そうで そうに	そうだ	そうな			형용동사형	연용형에

<table>
<tr><th>형</th><th>미연형</th><th>연용형</th><th>종지형</th><th>연체형</th><th>가정형</th><th>명령형</th><th>활용형</th><th>연결</th></tr>
<tr><td></td><td>そうだろ</td><td>そうだっ
そうで
そうに</td><td>そうだ</td><td>そうな</td><td></td><td></td><td>〃</td><td>종지형에</td></tr>
<tr><td>たい</td><td>たかろ</td><td>たかっ
たく
(とう)</td><td>たい</td><td>たい</td><td>たけれ</td><td></td><td>형용사
형</td><td>연용형에</td></tr>
<tr><td>だ</td><td>だろ</td><td>だっ
で</td><td>だ</td><td>な</td><td>なら</td><td></td><td>형용동
사형</td><td>체언·조사
「の」에</td></tr>
<tr><td>ない</td><td>なかろ</td><td>なかっ
なく</td><td>ない</td><td>ない</td><td>なけれ</td><td></td><td>형용동
사형</td><td>연용형에</td></tr>
<tr><td>ようだ</td><td>ようだろ</td><td>ようだっ
ようで
ように</td><td>ようだ</td><td>ような</td><td>ような
ら</td><td></td><td>형용사
형</td><td>조사「の」
및
「この·そ
の·あの·
どの」에</td></tr>
<tr><td rowspan="2">らしい</td><td></td><td>らしかっ</td><td rowspan="2">らしい</td><td rowspan="2">らしい</td><td></td><td></td><td>하 1단</td><td rowspan="2">연용형에</td></tr>
<tr><td></td><td>らしく</td><td></td><td></td><td>〃</td></tr>
<tr><td rowspan="2">られる</td><td>られ</td><td>られ</td><td>られる</td><td>られる</td><td>られれ</td><td rowspan="2">られろ
(よ)</td><td>하 1단</td><td rowspan="2">「5단」·
「サ변」
외의
미연형에</td></tr>
<tr><td>られ</td><td>られ</td><td>られる</td><td>られる</td><td>られれ</td><td>〃</td></tr>
<tr><td rowspan="2">れる</td><td>れ</td><td>れ</td><td>れる</td><td>れる</td><td>れれ</td><td rowspan="2">れろ
(よ)</td><td></td><td rowspan="2">「5단」·
「サ변」의
미연형에</td></tr>
<tr><td>れ</td><td>れ</td><td>れる</td><td>れる</td><td>れれ</td><td></td></tr>
</table>

• 대명사 활용표 •

<table>
<tr><th rowspan="2">칭
종류</th><th rowspan="2">자칭</th><th rowspan="2">대칭</th><th colspan="4">타칭</th></tr>
<tr><th>근칭</th><th>중칭</th><th>원칭</th><th>부정칭</th></tr>
<tr><td rowspan="7">인칭대명사</td><td>わたくし</td><td rowspan="2">あなた</td><td rowspan="2">このかた</td><td rowspan="2">そのかた</td><td rowspan="2">あのかた</td><td>どのかた</td></tr>
<tr><td>わたし</td><td>どなた</td></tr>
<tr><td>ぼく</td><td>きみ</td><td>このひと</td><td>そのひと</td><td>あのひと</td><td>どのひと</td></tr>
<tr><td>おれ</td><td>おまえ</td><td></td><td></td><td></td><td></td></tr>
<tr><td>てまえ</td><td>てまえ</td><td></td><td></td><td></td><td></td></tr>
<tr><td>じぶん</td><td rowspan="2">しょくん</td><td></td><td></td><td rowspan="2">かれ</td><td rowspan="2">だれ</td></tr>
<tr><td>われわれ</td><td></td><td></td></tr>
<tr><td rowspan="6">지시대명사</td><td colspan="2" rowspan="2">사물</td><td>これ</td><td>それ</td><td>あれ</td><td>どれ</td></tr>
<tr><td>これら</td><td>それら</td><td>あれら</td><td>どれら</td></tr>
<tr><td colspan="2" rowspan="2">장소</td><td>ここ</td><td>そこ</td><td>あそこ</td><td>どこ</td></tr>
<tr><td>ここら</td><td>そこら</td><td>あそこら</td><td>どこら</td></tr>
<tr><td colspan="2" rowspan="2">방향</td><td>こちら</td><td>そちら</td><td>あちら</td><td>どちら</td></tr>
<tr><td>こっち</td><td>そっち</td><td>あっち</td><td>どっち</td></tr>
</table>

• 조사 일람표 •

종류	조사	용법·뜻	연결·접속
격조사	から	동작이나 작용의 기점	체언
〃	が	주어	〃
〃	で	곳·때·원인	〃
〃	と	비교 : ~와 함께	〃
〃	に	장소·대상·동작의 목적	〃
격조사	の	주어·수식어(소유)	체언
〃	へ	동작의 방향	〃
〃	より	비교의 기준	〃

종류	조사	용법·뜻	연결·접속
〃	を	출발·동작의 대상	〃
부조사	か	확실치 않을 때	체언 종지형
〃	くらい	대략·정도	체언, 용언 연체형
〃	など	예시	체언, 용언 종지형
〃	なり	정도(한정)	〃, 〃
〃	ばかり	정도·대략	체언, 용언 연체형
〃	ほど	정도·대략·분량	〃, 〃
〃	だけ	한정	〃, 〃
〃	まで	귀착점·정도	〃, 〃
〃	やら	확실치 않을 때	〃, 〃
접속조사	から	작용의 원인·이유	용언 종지형
〃	が	단순 접속	〃 〃
〃	けれども	대비·조건	〃 〃
〃	て(で)	전후의 접속·작용의 이유	동사·형용사의 연용형 형용사 종지형
〃	でも(でも)	가정 조건	용언 연용형
〃	と	조건·경우	용언 종지형
〃	ながら	동작의 병행	체언
〃	ので	작용의 원인·이유	용언 연체형
〃	のに	확정조건	〃 〃
〃	ば	조건	용언 가정형
계조사	こそ	강한 의지	체언, 용언 연용형
〃	しか	한정	체언, 용언 연체형

종류	조사	용법·뜻	연결·접속
〃	だって	체언, 추리	〃, 〃
〃	でも	대체를 지칭함	〃, 〃
〃	は	구별	〃, 〃
〃	も	강한 의지·병렬	〃, 〃
병렬조사	か	선택·병렬	체언, 용언 종지형
〃	と	병렬	체언
〃	たり	병렬	용언 연용형
〃	なり	선택·병렬	체언, 용언 종지형
〃	に	첨가	체언
〃	の	병렬	〃
〃	や	병렬	〃
〃	やら	병렬	〃

• 숫자 · 사물을 셀 때의 단위 •

◎ 수 세기			◎ 수 세기		
1	いち	일	1	ひとつ	하나
2	に	이	2	ふたつ	둘
3	さん	삼	3	みっつ	셋
4	し／よん	사	4	よっつ	넷
5	ご	오	5	いつつ	다섯
6	ろく	육	6	むっつ	여섯
7	しち／なな	칠	7	ななつ	일곱
8	はち	팔	8	やっつ	여덟
9	く／きゅう	구	9	ここのつ	아홉
10	じゅう	십	10	とお	열
何	いくつ	몇	何	いくつ	몇

◎ 수 세기			◎ 차례 세기(番)		
1	ひい	하나	1	いちばん	1번
2	ふう	둘	2	に　ばん	2번
3	みい	셋	3	さんばん	3번
4	よう	넷	4	よんばん	4번
5	いつ	다섯	5	ご　ばん	5번
6	むう	여섯	6	ろくばん	6번
7	なな	일곱	7	(ななばん) しちばん	7번
8	やあ	여덟	8	はちばん	8번
9	こう	아홉	9	きゅうばん	9번
10	とお	열	10	じゅうばん	10번
何	いくつ	몇	何	なんばん	몇 번

◎ 차례 세기(第)			◎ 차례 세기(番目)		
1	だいいち	제1	1	いちばんめ	첫째
2	だい　に	제2	2	に　ばんめ	둘째
3	だいさん	제3	3	さんばんめ	셋째
4	だい　し	제4	4	よんばんめ	넷째
5	だい　ご	제5	5	ご　ばんめ	다섯째
6	だいろく	제6	6	ろくばんめ	여섯째
7	だいしち	제7	7	(ななばんめ) しちばんめ	일곱째
8	だいはち	제8	8	はちばんめ	여덟째
9	だいきゅう	제9	9	(く　ばんめ) きゅうばんめ	아홉째
10	だいじゅう	제10	10	じゅうばんめ	열째
何			何	なんばんめ	몇째

◎ 사람을 셀 때(人)		
1	ひとり	한 명
2	ふたり	두 명
3	さんにん	세 명
4	よにん	네 명
5	ごにん	다섯 명
6	ろくにん	여섯 명
7	(ななにん) しちにん	일곱 명
8	はちにん	여덟 명
9	(くにん) きゅうにん	아홉 명
10	じゅうにん	열 명
何	なんにん	몇

◎ 작은 물건·과일 등을 셀 때(個)		
1	いっこ	한 개
2	に　こ	두 개
3	さんこ	세 개
4	よんこ	네 개
5	ご　こ	다섯 개
6	ろっこ	여섯 개
7	ななこ	일곱 개
8	はっこ	여덟 개
9	きゅうこ	아홉 개
10	じゅっこ	열 개
何	なんこ	몇 개

◎ 물고기·곤충·작은 동물 등을 셀 때(匹)		
1	いっぴき	한 마리
2	に　ひき	두 마리
3	さんびき	세 마리
4	よんびき	네 마리
5	ごひき	다섯 마리
6	ろっぴく	여섯 마리
7	ななぎき	일곱 마리
8	はっぴき	여덟 마리
9	きゅうひき	아홉 마리
10	じゅっぴき	열 마리
何	なんびき	몇 마리

◎ 소·코끼리 같은 큰 동물을 셀 때(頭)		
1	いっとう	일 두
2	に　とう	이 두
3	さんとう	삼 두
4	よんとう	사 두
5	ご　とう	오 두
6	ろくとう	육 두
7	ななとう	칠 두
8	はっとう	팔 두
9	きゅうとう	구 두
10	じゅっとう	십 두
何	なんとう	몇 두

◎ 새 종류를 셀 때(羽)			◎ 숯·석회·시멘트 등의 부대를 셀 때(俵)		
1	いちわ	한 마리	1	いっぴょう	한 포
2	に　わ	두 마리	2	に　ひょう	두 포
3	さんば	세 마리	3	さんびょう	세 포
4	(よんば) し　わ	네 마리	4	よんびょう	네 포
5	ご　わ	다섯 마리	5	ご　ひょう	다섯 포
6	ろくわ	여섯 마리	6	ろっぴょう	여섯 포
7	(ななわ) しちわ	일곱 마리	7	ななひょう	일곱 포
8	はちわ	여덟 마리	8	はっぴょう	여덟 포
9	く　わ	아홉 마리	9	きゅうひょう	아홉 포
10	じゅうわ	열 마리	10	じゅっぴょう	열 포
何	なんば	몇 마리	何	なんびょう	몇 포

◎ 책·서적을 셀 때(冊)			◎ 연필·분필 같은 가늘고 긴 물건을 셀 때(本)		
1	いっさつ	한 권	1	いっぽん	한 자루
2	に　さつ	두 권	2	に　ほん	두 자루
3	さんさつ	세 권	3	さんぼん	세 자루
4	よんさつ	네 권	4	よんほん	네 자루
5	ご　さつ	다섯 권	5	ごほん	다섯 자루
6	ろくさつ	여섯 권	6	ろっぽん	여섯 자루
7	ななさつ	일곱 권	7	ななほん	일곱 자루
8	はっさつ	여덟 권	8	はっぽん	여덟 자루
9	きゅうさつ	아홉 권	9	きゅうほん	아홉 자루
10	じゅっさつ	열 권	10	じゅっぽん	열 자루
何	なんさつ	몇 권	何	なんぼん	몇 자루

◎ 종이·가마니 등을 셀 때(枚)			◎ 양말·신발 등을 셀 때(足)		
1	いちまい	한 장	1	いっそく	한 켤레
2	に　まい	두 장	2	に　そく	두 켤레
3	さんまい	세 장	3	さんそく	세 켤레
4	よんまい	네 장	4	よんそく	네 켤레
5	ご　まい	다섯 장	5	ご　そく	다섯 켤레
6	ろくまい	여섯 장	6	ろくそく	여섯 켤레
7	ななまい	일곱 장	7	ななそく	일곱 켤레
8	はちまい	여덟 장	8	はっそく	여덟 켤레
9	きゅうまい	아홉 장	9	きゅうそく	아홉 켤레
10	じゅうまい	열 장	10	じゅっそく	열 켤레
何	なんまい	몇 장	何	なんそく	몇 켤레

◎ 돈을 셀 때(円)			◎ 총·칼 등을 셀 때(丁)		
1	いちえん	1엔	1	いっちょう	한 자루
2	に　えん	2엔	2	に　ちょう	두 자루
3	さんえん	3엔	3	さんちょう	세 자루
4	よんえん	4엔	4	よんちょう	네 자루
5	ご　えん	5엔	5	ご　ちょう	다섯 자루
6	ろくえん	6엔	6	ろくちょう	여섯 자루
7	(しちえん) ななえん	7엔	7	ななちょう	일곱 자루
8	はちえん	8엔	8	はっちょう	여덟 자루
9	きゅうえん	9엔	9	きゅうちょう	아홉 자루
10	じゅうえん	10엔	10	じゅっちょう	열 자루
何	いくら	얼마	何	なんちょう	몇 자루

◎ 기차의 객차·화차를 셀 때(輛)			◎ 자동차·비행기 등을 셀 때(台)		
1	いちりょう	1량	1	いちだい	한 대
2	に　りょう	2량	2	に　だい	두 대
3	さんりょう	3량	3	さんだい	세 대
4	よんりょう	4량	4	よんだい	네 대
5	ご　りょう	5량	5	ご　だい	다섯 대
6	ろくりょう	6량	6	ろくだい	여섯 대
7	しちりょう	7량	7	ななだい	일곱 대
8	はちりょう	8량	8	はちだい	여덟 대
9	(くりょう) きゅうりょう	9량	9	きゅうだい	아홉 대
10	じゅうりょう	10량	10	じゅうだい	열 대
何	なんりょう	몇 량	何	なんだい	몇 대

◎ 돛단배·통통배 등을 셀 때(艘)			◎ 군함·기선 등을 셀 때(隻)		
1	いっそう	한 척	1	いっせき	한 척
2	に　そう	두 척	2	に　せき	두 척
3	さんそう	세 척	3	さんせき	세 척
4	よんそう	네 척	4	よんせき	네 척
5	ご　そう	다섯 척	5	ご　せき	다섯 척
6	ろくそう	여섯 척	6	ろくせき	여섯 척
7	ななそう	일곱 척	7	ななせき	일곱 척
8	はっそう	여덟 척	8	はっせき	여덟 척
9	きゅうそう	아홉 척	9	きゅうせき	아홉 척
10	じゅっそう	열 척	10	じゅっせき	열 척
何	なんそう	몇 척	何	なんせき	몇 척

◎ 낱알을 셀 때(粒)		
1	ひとつぶ	한 알
2	ふたつぶ	두 알
3	み　つぶ	세 알
4	よんつぶ	네 알
5	ご　つぶ	다섯 알
6	ろくつぶ	여섯 알
7	ななつぶ	일곱 알
8	はっつぶ	여덟 알
9	きゅうつぶ	아홉 알
10	じゅっつぶ	열 알
何	なんつぶ	몇 알

◎ 1·2·3의 등수를 셀 때(等)		
1	いっとう	1등
2	に　とう	2등
3	さんとう	3등
4	よんとう	4등
5	ご　とう	5등
6	ろくとう	6등
7	ななとう	7등
8	はっとう	8등
9	きゅうとう	9등
10	じゅっとう	10등
何	なんとう	몇 등

◎ 사람의 나이를 셀 때(歳)		
1	いっさい	한 살
2	に　さい	두 살
3	さんさい	세 살
4	よんさい	네 살
5	ご　さい	다섯 살
6	ろくさい	여섯 살
7	ななさい	일곱 살
8	はっさい	여덟 살
9	きゅうさい	아홉 살
10	じゅっさい	열 살
何	なんさい	몇 살

◎ 횟수를 셀 때(回)		
1	いっかい	1회
2	に　かい	2회
3	さんかい	3회
4	よんかい	4회
5	ご　かい	5회
6	ろっかい	6회
7	ななかい	7회
8	(はっかい) はちかい	8회
9	きゅうかい	9회
10	じゅっかい	10회
何	なんかい	몇 회

◎ 달을 셀 때(月)			◎ 의복의 수를 셀 때(着)		
1	いちがつ	1월	1	いっちゃく	한 벌
2	に　がつ	2월	2	に　ちゃく	두 벌
3	さんがつ	3월	3	さんちゃく	세 벌
4	し　がつ	4월	4	よんちゃく	네 벌
5	ご　がつ	5월	5	ご　ちゃく	다섯 벌
6	ろくがつ	6월	6	ろくちゃく	여섯 벌
7	しちがつ	7월	7	ななちゃく	일곱 벌
8	はちがつ	8월	8	はっちゃく	여덟 벌
9	くがつ	9월	9	きゅうちゃく	아홉 벌
10	じゅうがつ	10월	10	じゅっちゃく	열 벌
何	なんがつ	몇 월	何	なんちゃく	몇 벌

◎ 층을 셀 때(階)			◎ 개월 수를 셀 때(ヶ月)		
1	いっかい	1층	1	いっかげつ	1개월
2	に　かい	2층	2	に　かげつ	2개월
3	さんがい	3층	3	さんかげつ	3개월
4	よんかい	4층	4	よんかげつ	4개월
5	ご　かい	5층	5	ご　かげつ	5개월
6	ろっかい	6층	6	ろっかげつ	6개월
7	ななかい	7층	7	(しちかげつ) ななかげつ	7개월
8	はっかい	8층	8	はっかげつ	8개월
9	きゅうかい	9층	9	きゅうかげつ	9개월
10	じゅっかい	10층	10	じゅっかげつ	10개월
何	なんがい	몇 층	何	なんかげつ	몇 개월

◎ 시간을 말할 때(時間)			◎ 시각의 분을 말할 때(分)		
1	いちじかん	한 시간	1	いっぷん	1분
2	に　じかん	두 시간	2	に　ふん	2분
3	さんじかん	세 시간	3	さんぷん	3분
4	よ　じかん	네 시간	4	(よんふん) よんぷん	4분
5	ご　じかん	다섯 시간	5	ご　ふん	5분
6	ろくじかん	여섯 시간	6	ろっぷん	6분
7	ななじかん	일곱 시간	7	ななふん	7분
8	はちじかん	여덟 시간	8	はっぷん	8분
9	く　じかん	아홉 시간	9	きゅうふん	9분
10	じゅうじかん	열 시간	10	じゅっぷん	10분
何	なんじかん	몇 시간	何	なんぷん	몇 분

◎ 집의 수를 셀 때(軒)			◎ 작은 묶음을 셀 때(束)		
1	いっけん	한 채	1	ひとたば	한 묶음
2	に　けん	두 채	2	ふたたば	두 묶음
3	さんけん	세 채	3	み　たば	세 묶음
4	よんけん	네 채	4	よんたば	네 묶음
5	ご　けん	다섯 채	5	ごたば	다섯 묶음
6	ろっけん	여섯 채	6	ろくたば	여섯 묶음
7	ななけん	일곱 채	7	ななたば	일곱 묶음
8	はちけん	여덟 채	8	はちたば	여덟 묶음
9	きゅうけん	아홉 채	9	く　たば	아홉 묶음
10	じゅっけん	열 채	10	じゅったば	열 묶음
何	なんけん	몇 채	何	なんたば	몇 묶음

◎ 잔을 셀 때(杯)			◎ 사람을 셀 때(名)		
1	いっぱい	한 잔	1	いちめい	한 명
2	に はい	두 잔	2	に めい	두 명
3	さんばい	세 잔	3	さんめい	세 명
4	よんはい	네 잔	4	よんめい	네 명
5	ご はい	다섯 잔	5	ご めい	다섯 명
6	ろっぱい	여섯 잔	6	ろくめい	여섯 명
7	ななはい	일곱 잔	7	ななめい	일곱 명
8	はっぱい	여덟 잔	8	はちめい	여덟 명
9	きゅうはい	아홉 잔	9	きゅうめい	아홉 명
10	じゅっぱい	열 잔	10	じゅうめい	열 명
何	なんばい	몇 잔	何	なんめい	몇 명

◎ 주를 셀 때(週間)			◎ 해를 셀 때(年)		
1	いっしゅうかん	일주일	1	いちねん	일 년
2	にしゅうかん	이 주	2	に ねん	이 년
3	さんしゅうかん	삼 주	3	さんねん	삼 년
4	よんしゅうかん	사 주	4	よんねん	사 년
5	ごしゅうかん	오 주	5	ご ねん	오 년
6	ろくしゅうかん	육 주	6	ろくねん	육 년
7	ななしゅうかん	칠 주	7	ななねん	칠 년
8	はっしゅうかん	팔 주	8	はちねん	팔 년
9	きゅうしゅうかん	구 주	9	きゅうねん	구 년
10	じゅっしゅうかん	십 주	10	じゅうねん	십 년
何	なんしゅうかん	몇 주	何	なんねん	몇 년

◎ 날짜를 셀 때(日)					
1	ついたち	하루	11	じゅういちにち	11일
2	ふつか	이틀	12	じゅうににち	12일
3	みっか	사흘	14	じゅうよっか	14일
4	よっか	나흘	19	じゅうくにち	19일
5	いつか	닷새	20	はつか	20일
6	むいか	엿새	30	さんじゅうにち	30일
7	なのか	이레	31	さんじゅういちにち	31일
8	ようか	여드레	何	なんにち	며칠
9	ここのか	아흐레			
10	とおか	열흘			
何	なんしゅうかん	몇 주			

◎ 박을 셀 때(泊)			◎ 시를 셀 때(時)		
1	いっぱく	일박	1	いちじ	한 시
2	に　はく	이박	2	に　じ	두 시
3	さんぱく	삼박	3	さんじ	세 시
4	よんはく	사박	4	よ　じ	네 시
5	ご　はく	오박	5	ご　じ	다섯 시
6	ろっぱく	육박	6	ろくじ	여섯 시
7	ななはく	칠박	7	しちじ	일곱 시
8	はっぱく	팔박	8	はちじ	여덟 시
9	きゅうはく	구박	9	く　じ	아홉 시
10	じゅっぱく	십박	10	じゅうじ	열 시
何	なんぱく	몇 박	11	じゅういちじ	열한 시
			12	じゅうにじ	열두 시
			何	なんじ	몇 시

◎ 초를 셀 때(秒)					
1	いちびょう	일 초	15	じゅうごびょう	십오 초
2	に　びょう	이 초	20	にじゅうびょう	이십 초
3	さんびょう	삼 초	25	にじゅうごびょう	이십오 초
4	よんびょう	사 초	30	さんじゅうびょう	삼십 초
5	ご　びょう	오 초	35	さんじゅうごびょう	삼십오 초
6	ろくびょう	육 초	40	よんじゅうびょう	사십 초
7	ななびょう	칠 초	45	よんじゅうごびょう	사십오 초
8	はちびょう	팔 초	50	ごじゅうびょう	오십 초
9	きゅうびょう	구 초	55	ごじゅうごびょう	오십오 초
10	じゅうびょう	십 초	60	ろくじゅうびょう	육십 초
			何	なんびょう	몇 초

◎ 요일을 셀 때(曜日)			
にちようび	げつようび	かようび	すいようび
日曜日	月曜日	火曜日	水曜日
일요일	월요일	화요일	수요일
もくようび	きんようび	どようび	なんようび
木曜日	金曜日	土曜日	何曜日
목요일	금요일	토요일	무슨 요일

◎ 날(日)	◎ 주(週)	◎ 달(月)	◎ 년(年)
おととい (一昨日)	せんせんしゅう (先々週)	せんせんげつ (先々月)	おととし (一昨年)
그제	지지난 주	지지난 달	재작년
きのう (昨日)	せんしゅう (先週)	せんげつ (先月)	きょねん (去年)
어제	지난주	지난달	작년
きょう (今日)	こんしゅう (今週)	こんげつ (今月)	ことし (今年)
오늘	이번 주	이번 달	올해
あした (明日)	らいしゅう (来週)	らいげつ (来月)	らいねん (来年)
내일	다음 주	다음 달	내년
あさって (明後日)	さらいしゅう (再来週)	さらいげつ (再来月)	さらいねん (再来年)
모레	다다음 주	다다음 달	내후년
しあさって (明々後日)			
글피			
まいにち (毎日)	まいしゅう (毎週)	まいつき (毎月)	まいとし (毎年)
매일	매주	매월	매년

저자소개

이덕구

일본 릿쇼대학(立正大学) 국문학 석사

전북대학교 문화인류학 박사

現) 혜전대학교 교양과 교수

저자와의
합의하에
인지첩부
생략

대학 교양 일본어 - 초급편 -

2022년 8월 25일 초판 1쇄 인쇄
2024년 3월 25일 초판 4쇄 발행

지은이 이덕구
펴낸이 진욱상
펴낸곳 백산출판사
교 정 박시내
본문디자인 오행복
표지디자인 오정은

등 록 1974년 1월 9일 제406-1974-000001호
주 소 경기도 파주시 회동길 370(백산빌딩 3층)
전 화 02-914-1621(代)
팩 스 031-955-9911
이메일 edit@ibaeksan.kr
홈페이지 www.ibaeksan.kr

ISBN 979-11-6639-258-0 93730
값 19,000원